Almut Harder

Bürokaufmann/Bürokauffrau Kaufmann/Kauffrau für Bürokommunikation

Prüfungstrainer zur praktischen Prüfung
Informationsverarbeitung, Excel 2010

Übungsaufgaben und erläuterte Lösungen

Aufgabenteil

Bestell-Nr. 2199

U-Form Verlag · Hermann Ullrich (GmbH & Co) KG

Deine Meinung ist uns wichtig!

Du hast Fragen, Anregungen oder Kritik zu diesem Produkt?

Das U-Form Team steht dir gerne Rede und Antwort.

Direkt auf

Facebook.com/Pruefungscheck

fragen, diskutieren, stöbern und weiteres Wichtige und Wissenswerte rund um Ausbildung erfahren

oder einfach eine kurze E-Mail an

feedback@u-form.de

Bitte beachten Sie:

Zu diesem Prüfungstrainer gehören auch noch ein Lösungsteil und Dateien zum Download unter: *www.u-form.de/addons/2199.zip*

Sollte es für diesen Prüfungstrainer Änderungen oder Korrekturen geben, so können diese unter *www.u-form.de/addons/2199-1.zip* heruntergeladen werden. Ist die Seite nicht verfügbar, so sind keine Änderungen eingestellt.

COPYRIGHT

U-Form Verlag, Hermann Ullrich (GmbH & Co) KG
Cronenberger Straße 58 · 42651 Solingen
Telefon 0212 22207-0 · Telefax 0212 208963
Internet: www.u-form.de · E-Mail: uform@u-form.de

Alle Rechte liegen beim Verlag bzw. sind der Verwertungsgesellschaft Wort, Goethestraße 49, 80336 München, Telefon 089 514120, zur treuhänderischen Wahrnehmung überlassen. Damit ist jegliche Verbreitung und Vervielfältigung dieses Werkes – durch welches Medium auch immer – untersagt.

1. Auflage 2013 · ISBN 978-3-95532-199-4

Vorwort

Vorwort

Dieser Prüfungstrainer ist **für alle von Nutzen, die in kaufmännischen Berufen im Office-Bereich tätig sind** und sicher im Umgang mit dem Microsoft Programm Excel werden möchten. Er behandelt die in der Praxis am häufigsten verwendeten Formeln unter Berücksichtigung des nötigen kaufmännischen Hintergrundwissens.

Insbesondere ist dies ein **„Prüfungstrainer"** für die Ausbildungsberufe

– **Bürokaufmann/Bürokauffrau**
– **Kaufmann/Kauffrau für Bürokommunikation**

Er bietet Aufgaben und erläuterte Lösungen für das Prüfungsfach Informationsverarbeitung der praktischen Abschlussprüfung. In dem Kapitel „Wie sieht die Abschlussprüfung im Fach Informationsverarbeitung der Büroberufe aus?" erfahren Sie Näheres darüber.

Der Prüfungstrainer besteht aus folgenden Teilen:

Aufgabenteil

Die Aufgaben sind so gestellt, dass sie mit den Programm-Versionen **ab** MS Office 2003 (und höher) gelöst werden können.

Lösungsteil

Bei der Lösung der Aufgaben wurde die MS Office-Version 2010 zugrunde gelegt.

Im Lösungsteil finden Sie die Lösungen zu den einzelnen Aufgaben mit ausführlichen Erläuterungen der technischen Handlungsschritte.

Download

Die Dateien zu den Aufgaben und Lösungen können Sie unter folgendem Link herunterladen:

Für MS Office 2010   **www.u-form.de/addons/2199.zip**

Ihre Notizen

Inhaltsverzeichnis

Einführung
Wie sieht die Abschlussprüfung im Fach Informationsverarbeitung
der Büroberufe aus? .... 6 – 7
Hinweise zur Bearbeitung der (Prüfungs-)Aufgaben 8
Hinweise zu Bezügen 9
Hinweise zur Erstellung von Grafiken .... 10 – 12

Vorkurs
Stufe 1: Excel-Anfänger ohne Vorkenntnisse .... 13 – 26
Stufe 2: Excel-Anfänger mit Vorkenntnissen .... 27 – 38

Aufgaben
Aufgabe 1: **Vertriebszahlen Aquaristik** .... 41 – 43
Aufgabe 2: **Vertriebszahlen Außendienst** .... 44 – 46
Aufgabe 3: **Ausbildungsplätze** .... 47 – 52
Aufgabe 4: **Auswertungen Personalabteilung** .... 53 – 59
Aufgabe 5: **Kosten- und Umsatzentwicklung** .... 60 – 62
Aufgabe 6: **Preiskalkulation** .... 63 – 69
Aufgabe 7: **Büro- und Verkaufsflächen** .... 70 – 75
Aufgabe 8: **Lagercontrolling** .... 76 – 80

Einführung

Wie sieht die Abschlussprüfung im Fach Informationsverarbeitung der Büroberufe aus?

Die Abschlussprüfung der Büroberufe (Bürokaufmann/-frau und Kaufmann/-frau für Bürokommunikation) beinhaltet eine praktische Prüfung im Fach Informationsverarbeitung, in der die Prüflinge Aufgaben aus den Bereichen Textverarbeitung sowie Tabellenkalkulation bearbeiten müssen.
Die Prüfungszeit beträgt dabei insgesamt 105 Minuten in beiden Ausbildungsberufen, wobei die Bezeichnung des Aufgabenbereiches, die Anzahl der Aufgaben und deren jeweilige Bearbeitungszeit in den Berufen variiert:

Bürokaufmann/-frau			
Bereich	Textverarbeitung (1 Aufgabe)		Tabellenkalkulation (2 Aufgaben)
Schwerpunkt	1. Aufgabenteil: Textgestaltung	2. Aufgabenteil: Textformulierung	Statistiken und Zahlenmaterial aus den Bereichen Bürowirtschaft, Personalwesen oder Buchführung übernehmen, formatieren, berechnen, auswerten u.a.
Bearbeitungszeit	45 Min.		jeweils 30 Min.

Kaufmann/-frau für Bürokommunikation			
Bereich	Textformulierung und -gestaltung, formgerechte Briefgestaltung (1 Aufgabe)		Aufbereitung und Darstellung statistischer Daten (1 Aufgabe)
Schwerpunkt	1. Aufgabenteil: Textgestaltung	2. Aufgabenteil: Textformulierung	Statistiken und Zahlenmaterial aus den Bereichen Bürowirtschaft, Personalverwaltung oder Rechnungswesen übernehmen, formatieren, berechnen, auswerten u.a.
Bearbeitungszeit	60 Min.		45 Min.

Allgemein gilt für den Bereich Textverarbeitung (bzw. Textformulierung und -gestaltung) in beiden Berufen:

Die Lösung muss sachlich richtig, sprachlich angemessen und nach den Schreib- und Gestaltungsregeln für die Textverarbeitung DIN 5008 erfolgen.

Bewertungskriterien sind sowohl die sachliche und sprachliche Richtigkeit als auch die Gestaltung des Schriftstückes. Die Form der Aufgabenstellung ist in fast allen Bundesländern identisch. Nur die Industrie- und Handelskammern im Baden-Württemberg haben eine andere Form der Aufgabenstellung.

Die Aufgabe zur Textverarbeitung umfasst zwei Teile, die sachlich zusammenhängen, aber unabhängig voneinander zu bearbeiten sind. Die Bearbeitungszeit für beide Teile beträgt insgesamt 45 Minuten bei den Bürokaufleuten und 60 Minuten bei den Kaufleuten für Bürokommunikation.

Die Aufgaben werden von den Prüflingen am PC bearbeitet. Als Textverarbeitungsprogramm wird i.d.R. Windows Word verwendet.

Eine umfassende Vorbereitung auf den Bereich **Textverarbeitung** im Prüfungsfach Informationsverarbeitung der Abschlussprüfung bietet der **U-Form „Prüfungstrainer Word" Bestell-Nr. 2200 (Office 2010).**

Einführung

Für die Aufgaben aus dem Bereich Tabellenkalkulation (bzw. Aufbereitung und Darstellung statistischer Daten) gilt Folgendes:

Die Bürokaufleute erhalten in der Abschlussprüfung 2 Aufgaben zur Tabellenkalkulation, die in jeweils 30 Minuten bearbeitet werden müssen. Auch hier erfolgt die Bearbeitung am PC und mithilfe des Tabellenkalkulationsprogramms Microsoft Excel.

Die Kaufleute für Bürokommunikation müssen eine Aufgabe im Bereich Aufbereitung und Darstellung statistischer Daten innerhalb einer Bearbeitungszeit von 45 Minuten lösen.

Die Prüflinge müssen zunächst vorgegebene Daten (Zahlenmaterial, Statistiken etc.) in das Tabellenkalkulationsprogramm übernehmen – entweder durch manuelles Übertragen oder durch Öffnen bereits vorgefertigter digitaler Dateien*. Die Aufgaben behandeln Themen aus den Gebieten Bürowirtschaft, Personalwesen (bzw. Personalverwaltung) und Buchführung (bzw. Rechnungswesen).

Anschließend ist das Material entsprechend der Aufgabenstellung zu bearbeiten.

Hinweis:

Um die Lesbarkeit dieses Prüfungstrainers nicht zu erschweren, wird im Folgenden immer der Begriff „Tabellenkalkulation" verwendet, auch wenn der Bereich in der Prüfung der Kaufleute für Bürokommunikation den Titel „Aufbereitung und Darstellung statistischer Daten" trägt.

Dieser Prüfungstrainer dient der Vorbereitung auf den Bereich Tabellenkalkulation im Prüfungsfach Informationsverarbeitung sowohl für den Ausbildungsberuf **„Bürokaufmann/-frau"** als auch **„Kaufmann/-frau für Bürokommunikation"**. Es können sich Prüflinge **aus allen Bundesgebieten** mit diesem Prüfungstrainer auf ihre Prüfung vorbereiten, da die Lerninhalte sich nach den Ausbildungsverordnungen richten, die in ganz Deutschland gelten.

---

* Beispieldateien siehe http://www.aka-nuernberg.de unter Menüpunkt „Download"

Einführung

Hinweise zur Bearbeitung der (Prüfungs-)Aufgaben

Folgende Grundregeln sollten Sie bei der Bearbeitung der Aufgaben sowohl in der Abschlussprüfung als auch beim Durcharbeiten dieses Prüfungstrainers beachten:

1. Aufgabenstellung immer sorgfältig durchlesen

2. Die Vorgaben der Aufgabenstellung (z. B. Formatierungen etc.) genau beachten und in Ihr Tabellenkalkulationsprogramm sorgfältig übernehmen.

3. Die zu einer Aufgabe gehörenden Teilaufgaben in der vorgegebenen Reihenfolge bearbeiten. Falls Teilaufgaben übersprungen werden, können andere Ergebnisse entstehen.

4. Die in der Aufgabenstellung angegebenen Zwischenspeicherungen vornehmen, um bei einem „Absturz" nicht das gesamte Prüfungsergebnis zu gefährden.

5. Werte, die laut Aufgabenstellung durch Bezüge übernommen werden sollen, auf jeden Fall formelgesteuert übernehmen. Keinesfalls die Werte einfach „eintippen". Achten Sie dabei auch auf die Hinweise zu Bezügen auf der nächsten Seite.

6. Bei der Übernahme und Berechnung von Werten immer kurze Plausibilitätskontrollen durchführen: Stimmen Größenordnung und Einheit des berechneten Wertes?
Werden bei der formelgesteuerten Übernahme von Werten (siehe 5.) auch die richtigen Werte übernommen?

7. Formatieren Sie die Zahlen in Ihrer Tabelle mit dem vorgegebenen oder einem zweckmäßigen Zahlenformat (z. B. Währungswerte mit keiner oder zwei Nachkommastellen). Achten Sie dazu auch auf die Hinweise zu Formatierungen auf der nächsten Seite.

8. Geben Sie die Einheit der ermittelten Werte an, soweit dies erforderlich ist. Sie können die Einheit entweder in der Spaltenüberschrift angeben (z. B. Umsatz in Euro) oder jede Zahl mit einem entsprechenden Format versehen. Dies gilt natürlich auch für die Ermittlung von Prozentwerten.

9. Achten Sie auf aussagefähige Spaltenüberschriften und Zeilenbenennungen.

10. Machen Sie sich mit den Funktionen Ihres Tabellenkalkulationsprogramms vertraut. Beachten Sie dabei insbesondere auch die WENN-Funktion und den SVERWEIS.

Einführung

Hinweise zu Bezügen

Feste Bezüge beziehen sich auf eine bestimmte Zelle der Tabelle. Auch wenn dieser Bezug oder die Formel, die den Bezug enthält, kopiert wird, verändert sich der Bezug nicht.

Variable Bezüge beziehen sich auf eine bestimmte Zelle im Verhältnis zu der Zelle, die diesen Bezug enthält. Werden variable Bezüge kopiert, so verändert sich der Bezug entsprechend. Beispiel: Der Bezug „=A3" steht in der Zelle A4. Wird nun der Inhalt der Zelle A4 in die Zelle B4 kopiert, so verändert sich der Bezug zu „=B3". Das Verhältnis zu der Zelle, in der der Bezug steht (hier eine Zeile höher), bleibt also erhalten.

Bezüge können auch nur im Hinblick auf die Spalte bzw. Zeile fest sein. Ist z. B. der Bezug A4 fest im Bezug auf die Spalte, so bedeutet dies: Egal in welche Spalte man den Bezug kopiert, es bleibt bei der Bezeichnung A für die Spalte; wird der Bezug dagegen in eine andere Zeile kopiert, so verändert sich die Zeilenbezeichnung entsprechend.

Sollen Formeln oder Bezüge kopiert werden, so ist vorher sorgfältig zu bedenken, ob es sich um feste oder variable Bezüge handeln muss.

In Excel wird ein fester Bezug durch das Voranstellen des Zeichen „$" vor den unveränderlichen Teil des Bezuges gekennzeichnet.

Beispiel:
A4 ist ein variabler Bezug.
$A4 ist ein Bezug, dessen Spalte fest und dessen Zeile variabel ist.
A$4 ist ein Bezug, dessen Spalte variabel und dessen Zeile fest ist.
$A$4 ist ein fester Bezug.

Einführung

Hinweise zur Erstellung von Grafiken (Diagramme)

Sollte in der Aufgabenstellung die Art der grafischen Aufbereitung der Daten nicht vorgegeben sein, so müssen Sie sich für eine sachgerechte Form der Grafik entscheiden. Hilfreich dabei sind die folgenden Gesichtspunkte:

Kreisdiagramm

Besonders geeignet für **prozentuale Anteile, die zusammen 100 % ergeben,** da hierbei die Größe des Anteils optisch besonders deutlich wird.

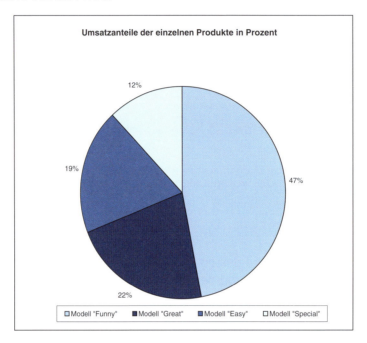

Liniendiagramm (Kurvendiagramm)

Besonders geeignet für **Werte, die eine Entwicklung über einen Zeitraum wiedergeben,** da Kurven Entwicklungen besonders anschaulich darstellen (z. B. Umsätze verschiedener Produkte über mehrere Jahre).

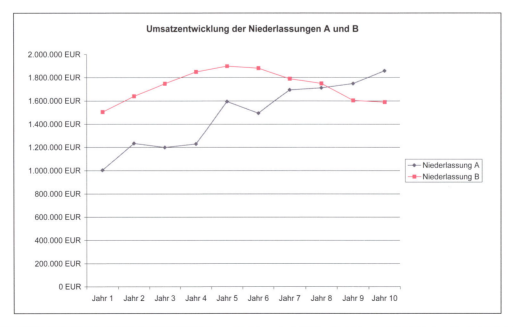

Einführung

Säulendiagramm

Besonders geeignet für **mehrere absolute Werte, die für den gleichen Zeitraum dargestellt werden und miteinander verglichen werden** sollen. Das Säulendiagramm macht die (unterschiedliche) Entwicklung der Werte gut sichtbar und das Verhältnis der Werte zueinander optisch deutlich.

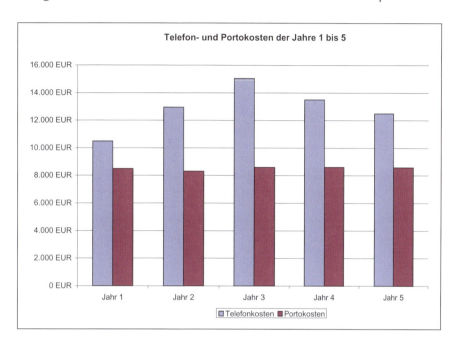

Gestapeltes Säulendiagramm

Besonders geeignet für **mehrere absolute Werte, die addiert einen weiteren sinnvollen Wert ergeben** und deren Entwicklung über einen Zeitraum dargestellt werden soll. Beim gestapelten Säulendiagramm wird die Veränderung der einzelnen Anteile und des Gesamtwertes über den betrachteten Zeitraum deutlich.

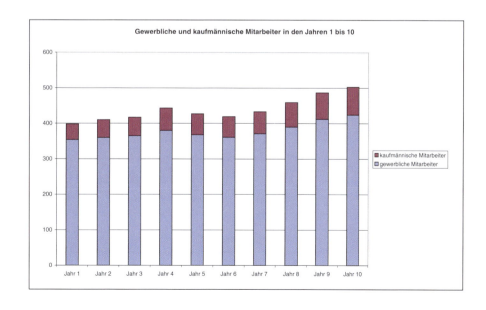

Einführung

100 % - Säulendiagramm

Besonders geeignet für **prozentuale Anteile mehrerer Werte, die zusammen ein Ganzes ergeben** und deren Entwicklung über einen Zeitraum oder für verschiedene Bereiche dargestellt werden soll.

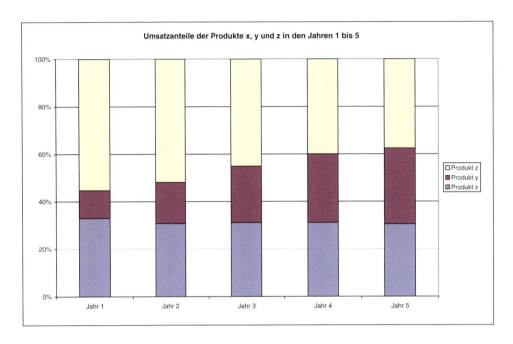

Punktdiagramm

Besonders geeignet für **Werte, die eine Entwicklung über einen Zeitraum wiedergeben,** die aber nicht durch Linien verbunden werden sollen, da es sich um **punktuelle Ergebnisse** handelt (z. B. Messergebnisse)

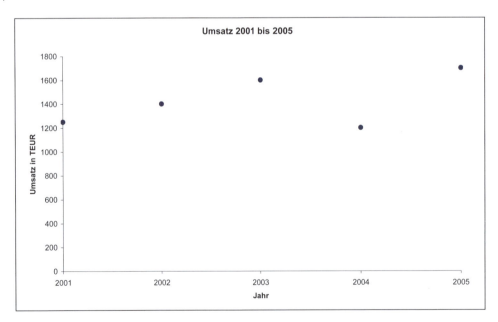

Beachten Sie: Bei zahlreichen Diagrammarten wird mit Farbe als Unterscheidungsmerkmal der verschiedenen Wertegruppen gearbeitet. Sie können aber nicht unbedingt davon ausgehen, dass Sie in der Prüfung einen Farbdrucker zur Verfügung haben. Deshalb ist es wichtig, dass Sie die Diagramme so anlegen, dass auch bei einem **einfarbigen Ausdruck** eine Unterscheidung möglich ist.

Vorkurs
Excel-Grundlagen

Laden Sie bitte vor Bearbeitung der folgenden Aufgaben die benötigten Dateien herunter: *www.u-form.de/addons/2199.zip*

Vorkurs

Hinweis zum Vorkurs

Mit diesem Vorkurs können Sie im Selbst-Studium Ihre Excel-Grundlagen auffrischen und wiederholen. Es werden nur sehr geringe Vorkenntnisse vorausgesetzt, z. B. das Öffnen und Speichern von Dateien sowie einfache Eingaben von Werten (Zahlen, Texte) in eine neue Tabelle.

Hinweis für Auszubildende in den Berufen
Bürokaufmann/-frau bzw.
Kaufmann/-frau für Bürokommunikation:

Zum Zeitpunkt der Prüfungsvorbereitung sollten Sie bereits recht sicher mit Excel umgehen können. In der Praxis zeigt sich jedoch immer wieder, dass vereinzelte Auszubildende im Rahmen ihrer Ausbildung wenig Gelegenheit hatten, mit Excel zu arbeiten. Für diese Zielgruppe ist der Vorkurs in diesem Buch gedacht. Dabei kann es sich leider nicht um eine ausführliche Einführung in Excel handeln, sondern lediglich um das Aneignen der notwendigsten Befehle für Ihre Abschlussprüfung im Prüfungsteil „Informationsverarbeitung".

Stufe 1: Excel-Anfänger ohne Vorkenntnisse

1. Zahlen und Texte eingeben/formatieren

Hinweis:

Wenn Sie diesen Eingabe-Teil überspringen möchten, öffnen Sie mit Ihrem Tabellenkalkulationsprogramm die Datei „Kleine Umsatztabelle.xlsx".

Erfassen Sie die abgebildete Tabelle „Umsatz im 1. Quartal" in einem neuen Tabellenblatt.

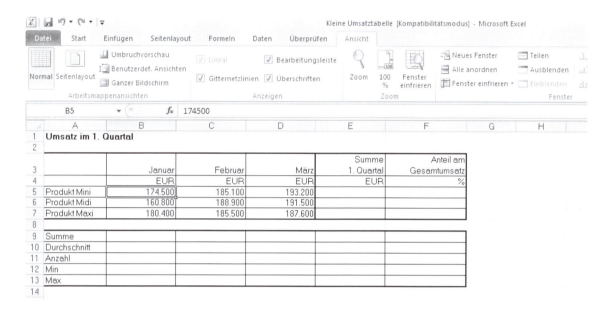

1. Schritt:
Klicken Sie in Zelle A1 und tippen Sie „Umsatz im 1. Quartal". Es ist völlig unproblematisch, dass der Text nicht in die vorgesehene Zellenbreite passt, lassen Sie sich hiervon nicht irritieren. Drücken Sie anschließend die Tabstopp-Taste oder die Return-Taste, um die Zelle zu verlassen.

2. Schritt:
Bewegen Sie Ihren Cursor (angezeigt durch eine Umrandung der Zelle, in welcher Sie sich gerade befinden) in die Zelle B3 und schreiben Sie „Januar". Mit der Tabstopp-Taste bewegen Sie sich in Ihrem Excel-Tabellenblatt eine Zelle weiter nach rechts (C3). Schreiben Sie in Zelle C3 „Februar" und in Zelle D3 „März".

Vielleicht fällt Ihnen auf, dass Texteingaben automatisch linksbündig ausgerichtet sind, solange Sie nichts anderes eingestellt haben.

3. Schritt:
In der Zelle E3 soll ein Zeilenumbruch innerhalb der Zelle vorgenommen werden. Schreiben Sie „Summe" und drücken Sie anschließend die Tastenkombination „Alt + Return".

©U-Form Verlag – Kopieren verboten!

Stufe 1: Excel-Anfänger ohne Vorkenntnisse

Danach schreiben Sie „1. Quartal" und drücken dann die Tabstopp-Taste, um in die nächste Zelle nach rechts zu springen. Verfahren Sie beim Eingeben der Zelle F3 ebenso. Geben Sie die übrigen Texte wie abgebildet – aber ohne Formatierung – ein.

4. Schritt:
Anschließend geben Sie die Zahlen ein. Der 1000er-Trennpunkt wird später über die Zahlenformatierung eingestellt, schreiben Sie also einfach nur die Zahlen hinein, auch wenn Ihnen dies vorübergehend unübersichtlicher erscheint:

	Januar	Februar	März	Summe 1. Quartal	Anteil am Gesamtumsatz
	EUR	EUR	EUR	EUR	%
Produkt Mini	174500	185100	193200		
Produkt Midi	160800	188900	191500		
Produkt Maxi	180400	185500	187600		

5. Schritt:
Die Zahlen sollen nun mit dem 1000er-Trennpunkt formatiert werden. Markieren Sie die Zellen, die Zahlen enthalten, also die Zellen B5 bis D7:

	Januar	Februar	März	Summe 1. Quartal	Anteil am Gesamtumsatz
	EUR	EUR	EUR	EUR	%
Produkt Mini	174500	185100	193200		
Produkt Midi	160800	188900	191500		
Produkt Maxi	180400	185500	187600		

Bei bestehender Markierung dieses Bereichs klicken Sie mit der rechten Maustaste auf diesen markierten Bereich. Sie erhalten nun ein Kontextmenü (Menü mit Rechtsklick auf einer bestimmten Markierung), in welchem Sie den Befehl „Zellen formatieren" auswählen können.

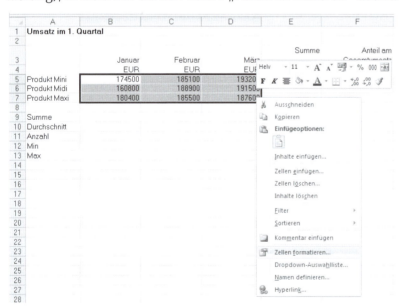

Sie erhalten nun ein Dialogfenster mit der Bezeichnung „Zellen formatieren" und klicken auf die Registerkarte „Zahlen". Wählen Sie nun die Kategorie „Zahl" und klicken Sie in das Auswahlfeld „1000er-Trennzeichen verwenden (.)".

Stufe 1: Excel-Anfänger ohne Vorkenntnisse

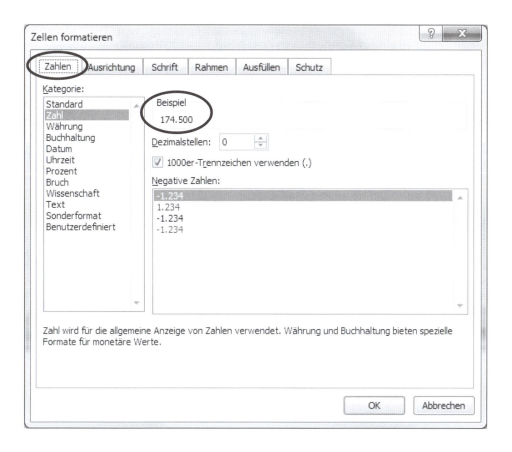

6. Schritt:
Als Nächstes sollen die Texteingaben in der 3. und 4. Zeile rechtsbündig formatiert werden. Dazu markieren Sie mit gedrückter linker Maustaste die entsprechenden Zellen und wählen anschließend in der Symbolleiste den Befehl „Rechtsbündig".

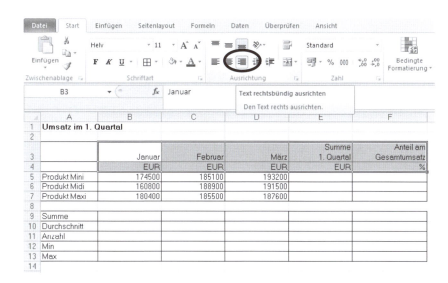

Stufe 1: Excel-Anfänger ohne Vorkenntnisse

7. Schritt:
Schließlich sollen die Rahmenlinien hinzugefügt werden. Markieren Sie zunächst die obere Tabelle (A3 bis F7) und wählen Sie in der Symbolleiste den Befehl „Alle Rahmenlinien":

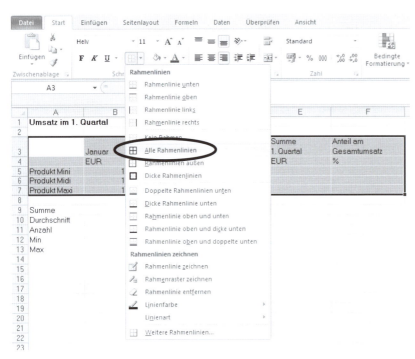

Anschließend verfahren Sie ebenso mit der unteren Tabelle (A9 bis F13). Vergleichen Sie nun Ihr Ergebnis mit der Tabelle aus Abb. 1.

Stufe 1: Excel-Anfänger ohne Vorkenntnisse

2. Erste Formeln: Summe, Mittelwert, Anzahl, Min, Max

In der unteren Tabelle sollen nun Formeln eingetragen werden.

> **Hinweis:**
> Achten Sie darauf, dass Ihr Cursor (fette Zellumrandung) immer auf der Zelle steht, in welche Ihre Formel eingetragen werden soll.

1. Schritt:

Klicken Sie nun als Erstes auf die Zelle B9. Es genügt ein einfacher Klick, bei einem Doppelklick erzeugen Sie zusätzlich einen blinkenden Cursor in der Zelle, dieser ist jedoch hier nicht notwendig.

Als Nächstes klicken Sie in der Symbolleiste auf das Summen-Symbol („AutoSumme"). Sie finden dieses Symbol sowohl im Menü „Start" als auch im Menü „Formeln".

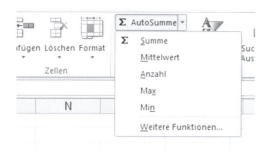

(Hinweis: Falls Sie nicht die Summe bilden möchten, sondern die Funktionen Mittelwert, Anzahl usw., klicken Sie nicht direkt auf das Symbol, sondern auf den kleinen Auswahlpfeil rechts neben dem Summenzeichen).

Excel schlägt Ihnen nun einen Zellbereich vor, aus welchem die Summe gebildet werden soll, wahrscheinlich die Summe von Zelle B5 bis zur Zelle B8 (siehe Abb.).

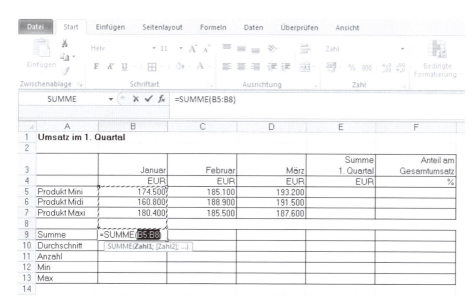

Stufe 1: Excel-Anfänger ohne Vorkenntnisse

Für unsere Januar-Summe der drei vorgegebenen Produkte benötigen wir die Zellen B5 bis B7. Sie können den vorgeschlagenen (markierten) Bereich mithilfe der Tastatur überschreiben. Alternativ können Sie den blauen gestrichelten Rahmen auch an der unteren rechten Ecke mit der Maus „anfassen" (es erscheint ein diagonaler Doppel-Pfeil) und zum richtigen Bereich (B5:B7) ziehen:

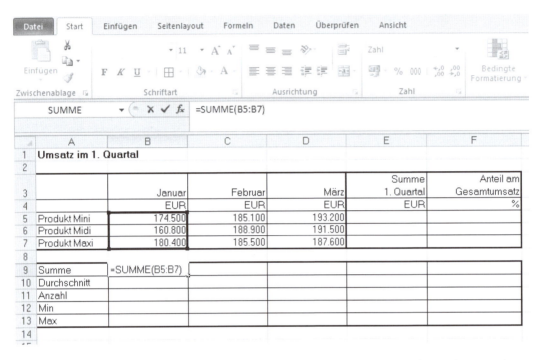

Sobald die Formel richtig angezeigt wird, bestätigen Sie Ihre Formeleingabe mit der Return-Taste. Damit verlassen Sie die Zelle und Ihr Ergebnis wird angezeigt.

Die richtige Syntax Ihrer Formel in der Zelle B9 lautet:

=SUMME(B5:B7)

2. Schritt:
Die Formel soll nun in die Zellen C9 und D9 kopiert werden. Dies geht am einfachsten mit der Auto-Ausfüllen-Funktion.

Sie klicken dafür erneut auf die Zelle B9, in der die zu kopierende Formel steht. Bitte nicht doppelt klicken, sondern nur einfach. Platzieren Sie Ihren Mauszeiger nun exakt auf der unteren rechten Ecke dieser Zelle; es erscheint ein schwarzes Kreuz. Sobald Sie diesen Mauszeiger sehen, halten Sie die linke Maustaste gedrückt und ziehen Sie die Maus bis zur Zelle D9. Wenn Sie nun loslassen, erscheint in den Zellen C9 und D9 das Summenergebnis der Produkte für Februar und März:

Stufe 1: Excel-Anfänger ohne Vorkenntnisse

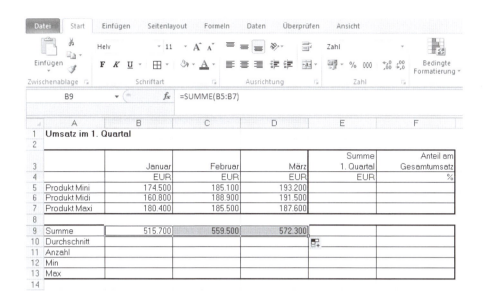

3. Schritt:

In der Zeile 10 soll nun der Durchschnittsumsatz im jeweiligen Monat berechnet werden. Dies wird in Excel mithilfe der Funktion „MITTELWERT" durchgeführt.

Positionieren Sie zunächst wieder Ihren Cursor auf der Zelle, in der Ihr erstes Ergebnis stehen soll, also auf B10.

Anschließend wählen Sie im Listenfeld beim Summensymbol (Sie klicken auf den Pfeil neben dem Symbol „AutoSumme", s.o.) den Listeneintrag „Mittelwert" aus:

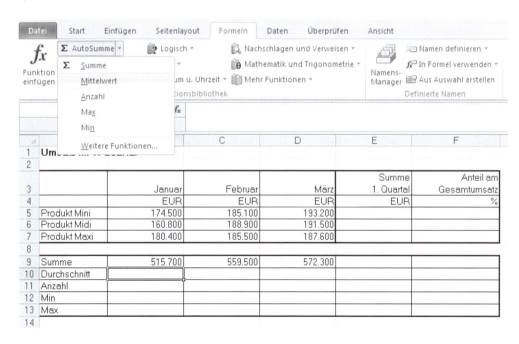

Excel schlägt Ihnen diesmal als Bereich wahrscheinlich nur „=Mittelwert(B9)" vor; richtig ist aber wiederum der Bereich B5 bis B7. Überschreiben Sie den Bereich mittels Tastatur oder verwenden Sie zum Verändern des Bereichs die Maus (an den jeweiligen Ecken des blauen Rahmens „anfassen" und ziehen). Sobald Sie den richtigen Bereich eingetragen haben, drücken Sie die Return-Taste und verlassen damit die Zelle.

Stufe 1: Excel-Anfänger ohne Vorkenntnisse

Die richtige Syntax in der Zelle B10 lautet:
=MITTELWERT(B5:B7)

Sie klicken nun erneut auf die Zelle und ziehen die Formel mit dem AutoAusfüllen-Befehl in die beiden nebenstehenden Zellen.

4. Schritt:
Die Funktion „ANZAHL" zählt die Anzahl der Zahlenwerte in einem bestimmten Zellbereich[1]. Man verwendet sie natürlich normalerweise nicht für Listen mit nur drei Werten, sondern für größere Listen, wenn die Anzahl der Werte nicht offensichtlich ist.

Die korrekte Syntax für die Zelle B11 lautet:
=ANZAHL(B5:B7)

Die Funktion „MIN" steht für „Minimum" und sucht aus einer Liste von Werten den kleinsten Wert heraus. Die Funktion „MAX" hingegen findet den größten Wert aus einer Liste.

In den Zellen B12 bzw. B13 muss es dementsprechend heißen:
=MIN(B5:B7) sowie
=MAX(B5:B7)

Alle Formeln in der Spalte B werden ebenfalls in die Spalten C und D übertragen.

Alternative:
Alternativ zur AutoAusfüllen-Funktion können Sie übrigens auch den Befehl „Kopieren" und „Einfügen" verwenden.

Ihre Ergebnisse sollten nun mit der folgenden Abbildung übereinstimmen:

9	Summe	515.700	559.500	572.300
10	Durchschnitt	171.900	186.500	190.767
11	Anzahl	3	3	3
12	Min	160.800	185.100	187.600
13	Max	180.400	188.900	193.200

---

[1] Zu unterscheiden sind die Funktionen ANZAHL sowie ANZAHL2. Während die ANZAHL Zahlenwerte durchzählt, kann die Funktion ANZAHL2 auch Texteinträge zählen.

Stufe 1: Excel-Anfänger ohne Vorkenntnisse

5. Schritt:
Ebenso wie Excel Summen sowie andere Formelergebnisse aus einer Spalte bilden kann, funktioniert dies auch in einer Zeile. Beispielhaft sollen nun in der Spalte E die Quartalssummen eines jeden Produkts ermittelt werden.

Setzen Sie Ihren Cursor daher nun auf die Zelle E5.

Wenn Sie auf den Befehl „AutoSumme" klicken, wird Ihnen Excel wahrscheinich sofort den richtigen Bereich vorschlagen, und zwar:
=SUMME(B5:D5)

Dies können Sie sofort mit der Return-Taste bestätigen.

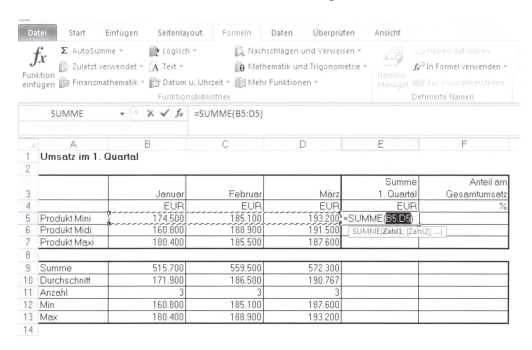

Die AutoAusfüllen-Funktion kann natürlich nicht nur nach rechts, sondern auch nach unten verwendet werden. Sie klicken also zurück auf Ihre Zelle E5, positionieren die Maus auf der unteren rechten Ecke dieser Zelle, bis das schwarze kleine Kreuz als Mauszeiger erscheint, halten nun die linke Maustaste gedrückt und ziehen die Maus über die Zelle E6 bis zur Zelle E7.

6. Schritt:
In der Zelle E9 soll nun die Gesamtsumme der Umsätze erzeugt werden. Sie haben die Wahl: Sowohl die Summe aus E5 bis E7 liefert das richtige Ergebnis als auch die Summe aus B9 bis D9.

Richtige Formeln in der Zelle E9 sind also:
=SUMME(E5:E7) oder
=SUMME(B9:D9)

Stufe 1: Excel-Anfänger ohne Vorkenntnisse

3. Prozentuale Anteile mit absolutem Bezug

Um den prozentualen Anteil zu erzeugen, setzen Sie den jeweiligen Produktumsatz pro Quartal (für das Produkt Mini also den Wert in Zelle E5) ins Verhältnis zum soeben ermittelten Gesamtumsatz (in der Zelle E9).

1. Schritt:
Klicken Sie hierzu auf die Zelle F5. Schreiben (tippen) Sie das Gleichheitszeichen. Direkt danach klicken Sie auf die Zelle E5. Tippen Sie anschließend „/", das ist das Rechenzeichen für „geteilt" in Excel. Sofort danach klicken Sie auf die Zelle E9. Folgendes Bild ergibt sich:

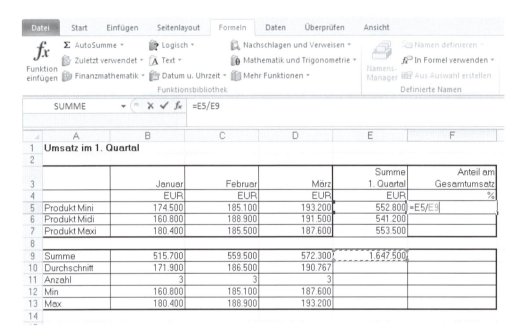

Normalerweise fehlt in Ihrer Dreisatz-Formel noch das „mal 100". Dies wird in Excel häufig später durch die Prozentformatierung ergänzt und daher zum jetzigen Zeitpunkt weggelassen.

Drücken Sie die „Return"-Taste, um Ihre Formel abzuschließen.

Der Wert in Ihrer Zelle lautet: 0,34, das sind 34%. Lassen Sie den Wert zunächst, wie er ist.

2. Schritt:
Die Formel soll nun mit dem AutoAusfüllen-Befehl nach unten kopiert werden. Tun Sie dies ohne weitere Modifikation der Formel, erhalten Sie folgendes (unerwünschtes) Ergebnis:

	A	B	C	D	E	F
1	Umsatz im 1. Quartal					
2						
3		Januar	Februar	März	Summe 1. Quartal	Anteil am Gesamtumsatz
4		EUR	EUR	EUR	EUR	%
5	Produkt Mini	174.500	185.100	193.200	552.800	0,34
6	Produkt Midi	160.800	188.900	191.500	541.200	#DIV/0!
7	Produkt Maxi	180.400	185.500	187.600	553.500	#DIV/0!

Stufe 1: Excel-Anfänger ohne Vorkenntnisse

Folgendes ist passiert: Excel hat die Formel =E5/E9 nach unten kopiert und beide Zellbezüge an die neue Platzierung angepasst. Dies sehen Sie wenn Sie bei obigem Bild auf die Zelle F6 und danach auf die Zelle F7 klicken.

Aus =E5/E9 wurde in F6: =E6/E10 und in F7: =E7/E11.

Die Veränderung des ersten Zellbezugs (aus E5 wird E6 bzw. E7) ist erwünscht, eine Veränderung des zweiten Zellbezugs ist nicht erwünscht.

Um letzteres zu erreichen, setzt man im zweiten Teil der Ausgangsformel einen sog. absoluten Bezug auf „E9", welcher durch gesetzte Dollar-Zeichen angezeigt wird.

Klicken Sie hierzu erneut auf die Zelle F5.

In Ihrer Formel klicken Sie nun auf den Zellbezug „E9", dieser wird mit grüner Schrift angezeigt. Wenn Ihr Cursor auf „E9" steht, drücken Sie die Funktionstaste „F4" ganz oben auf Ihrer Tastatur. Dadurch werden die Dollarzeichen hinzugefügt und Ihrer Formel in der Zelle F5 lautet nun:

=E5/$E$9

Diese Formel können Sie nun mit der AutoAusfüllen-Funkton in die Zellen F6 und F7 kopieren und erhalten folgende korrekte Ergebnisse:

	A	B	C	D	E	F
1	Umsatz im 1. Quartal					
2						
3		Januar	Februar	März	Summe 1. Quartal	Anteil am Gesamtumsatz
4		EUR	EUR	EUR	EUR	%
5	Produkt Mini	174.500	185.100	193.200	552.800	0,34
6	Produkt Midi	160.800	188.900	191.500	541.200	0,33
7	Produkt Maxi	180.400	185.500	187.600	553.500	0,34
8						

Stufe 1: Excel-Anfänger ohne Vorkenntnisse

3. Schritt:
Die Anteil-Ergebnisse sollen nun in Prozent mit zwei Nachkomma-Stellen formatiert werden.

Markieren Sie die Zellen F5 bis F7. In der Symbolleiste im Menü „Start" können Sie nun in der Befehlsgruppe „Zahl" das Prozentformat festlegen. Mit den beiden Befehlen rechts daneben können Sie Nachkommastellen entfernen bzw. hinzufügen.

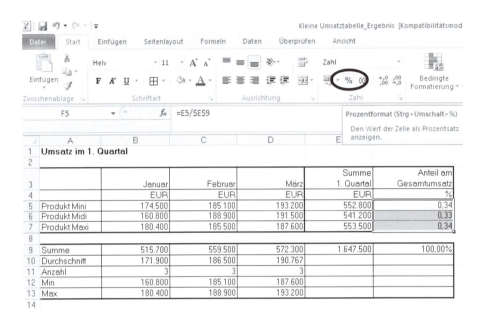

4. Schritt:
Wenn Sie in der Zelle F9 nun noch die Summe der Prozentwerte bilden (die natürlich 100% ergeben muss), ergibt sich folgendes Bild:

	A	B	C	D	E	F
1	Umsatz im 1. Quartal					
2						
3		Januar	Februar	März	Summe 1. Quartal	Anteil am Gesamtumsatz
4		EUR	EUR	EUR	EUR	%
5	Produkt Mini	174.500	185.100	193.200	552.800	33,55%
6	Produkt Midi	160.800	188.900	191.500	541.200	32,85%
7	Produkt Maxi	180.400	185.500	187.600	553.500	33,60%
8						
9	Summe	515.700	559.500	572.300	1.647.500	100,00%
10	Durchschnitt	171.900	186.500	190.767		
11	Anzahl	3	3	3		
12	Min	160.800	185.100	187.600		
13	Max	180.400	188.900	193.200		

Die fertige Tabelle finden Sie auch in der Datei „Kleine Umsatztabelle_Ergebnis.xlsx".

Stufe 2: Excel-Anfänger mit Vorkenntnissen

1. WENN-Funktion mit Texten

Öffnen Sie die Datei „WENN-Funktion.xlsx"

Die WENN-Funktion prüft eine Bedingung auf ihren Wahrheitsgehalt (Ergebnis WAHR oder FALSCH) und führt entsprechend dem Ergebnis eine bestimmte Rechen- oder Textoperation durch.

Wir beginnen mit einem einfachen Beispiel. Gehen Sie in das Tabellenblatt „Noten" – in der Spalte C sind die Noten von Teilnehmern eines Wirtschaftsenglisch-Kurses erfasst. In der Spalte D soll nun mit einem Text (der später auf einem Zertifikat erscheinen soll) ausgegeben werden, ob die Teilnehmer die Prüfung bestanden haben oder nicht. Gemäß Schulnotensystem haben alle Teilnehmer mit einer Note zwischen 1 und 4 die Prüfung bestanden; mit einer Note 5 oder 6 hingegen nicht.

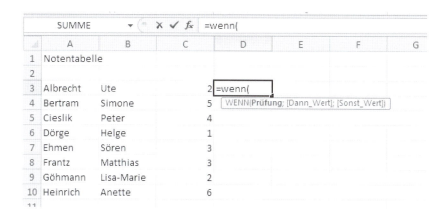

Diese Aufgabenstellung wird in Excel mit einer WENN-Funktion gelöst: Das erste Ergebnis soll in der Zelle D3 stehen. Sie klicken also hinein und beginnen – wie alle Funktionen, die Sie manuell eintippen möchten – mit einem Gleichheitszeichen. Anschließend tippen Sie den Namen der Funktion „wenn". Sie können kleine Buchstaben benutzen. Wenn Excel den Namen einer Excel-Funktion erkennt, wird der Funktionsname später automatisch in Großbuchstaben angezeigt. Direkt nach dem getippten Wort kommt eine öffnende Klammer und mit dem Eintippen erscheint dann die Formelsyntax in einem Hilfetext (siehe Abbildung). Formelsyntax bedeutet Aufbau der Funktion. Der Aufbau einer WENN-Funktion besteht grundsätzlich aus drei Teilen.

Der Aufbau unserer benötigten WENN-Funktion lautet:

WENN   C3<=4
DANN   „bestanden"
SONST   „nicht bestanden"

Während Zahlen und Rechenwege ohne Anführungszeichen eingegeben werden, müssen auszugebende Texte durch Anführungszeichen gekennzeichnet werden. Jeder Bestandteil ist vom nächsten durch ein Semikolon getrennt. Leerzeichen werden nicht gesetzt.

Die Syntax lautet vollständig:

=WENN(C3<=4;"bestanden";"nicht bestanden")

Stufe 2: Excel-Anfänger mit Vorkenntnissen

Alternativ zu dieser manuellen Eingabe, können Sie auch den Funktionsassistenten verwenden. Dann müssen Sie sich nicht selbst um das Setzen von Klammern, Semikola und Anführungszeichen kümmern. Dann gehen Sie folgendermaßen vor:

Sie setzen ebenfalls Ihren Cursor zunächst in die Zelle D3, aber es muss kein Gleichheitszeichen getippt werden. Anstelle dessen klicken Sie auf den Funktionsassistenten. Klicken Sie dafür auf das fx-Symbol in der Bearbeitungszeile:

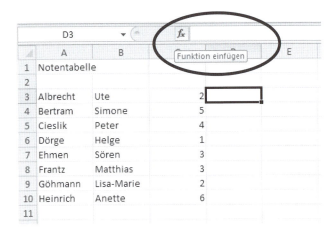

Wählen Sie im Dialogfenster entweder (falls vorhanden) aus den „zuletzt verwendeten" Funktion oder aus den Logik-Funktionen die WENN-Funktion aus:

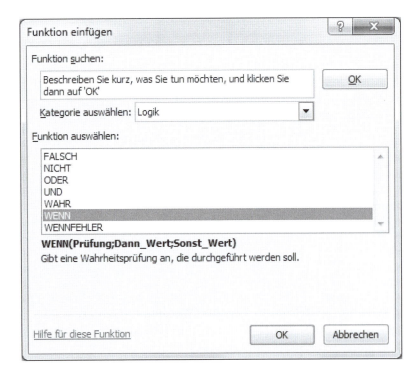

Stufe 2: Excel-Anfänger mit Vorkenntnissen

Tragen Sie nun in das Fenster mit den oben besprochenen drei Bestandteilen Ihre Bedingung sowie Ihre Texte (ohne Anführungszeichen; Excel setzt diese automatisch) ein:

Sie erhalten das gleiche Ergebnis wie mit Ihrer manuell eingegebenen Funktion.

Diese Funktion kann nun mit dem AutoAusfüllen-Mauszeiger (kleines schwarzes Kreuz) oder mit der AutoAusfüllen-Funktion „STRG + U" in die Zellen D4 bis D10 kopiert werden.

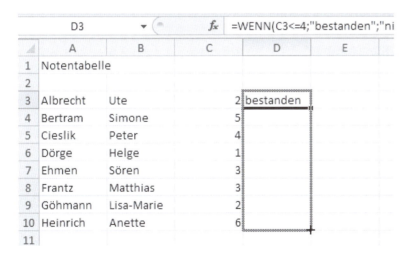

Für die AutoAusfüllen-Funktion markieren Sie die Zellen D3 bis D10 und tippen die Tastenkombination „STRG + U".

Stufe 2: Excel-Anfänger mit Vorkenntnissen

2. WENN-Funktion mit Berechnungen und festen Werten

Natürlich können in Abhängigkeit der Prüfung nicht nur Texte ausgegeben, sondern auch Berechnungen durchgeführt werden. Dies kann gut an einem Prämienbeispiel erklärt werden.

Gehen Sie dazu in das Tabellenblatt „Prämien (1)":

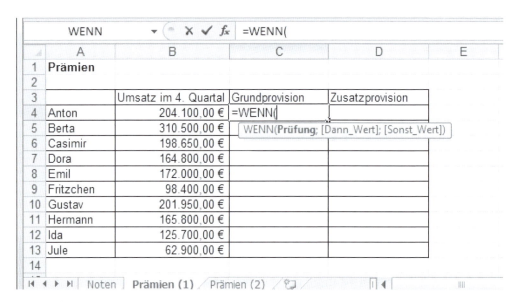

Zusätzlich zu ihrem Grundgehalt erhalten alle Außendienstvertreter eine Grundprovision von 2 %, wenn ihr Umsatz pro Quartal mindestens 100.000 Euro beträgt.

Der Aufbau unserer benötigten WENN-Funktion lautet:

WENN   B4>=100000
DANN   B4*0,02
SONST   0

Kurze Erläuterung:
Wenn der erzielte Umsatz, welcher für den ersten Mitarbeiter in der Zelle B4 steht, mindestens 100.000 Euro beträgt, dann soll der DANN-Wert greifen. Tragen Sie die Zahl 100000 bitte ohne jede Formatierung (ohne Tausender-Trennpunkt, ohne Euro-Zeichen) ein. Falls noch nicht einmal dieser Mindestumsatz erzielt wurde, bekommt der Außendienstmitarbeiter keine Provision (sondern nur sein Grundgehalt, welches in dieser Tabelle nicht enthalten ist). Daher wird im SONST-Wert einfach eine Null eingetragen.

Stufe 2: Excel-Anfänger mit Vorkenntnissen

Im Funktionsassistenten wird dies folgendermaßen eingetragen:

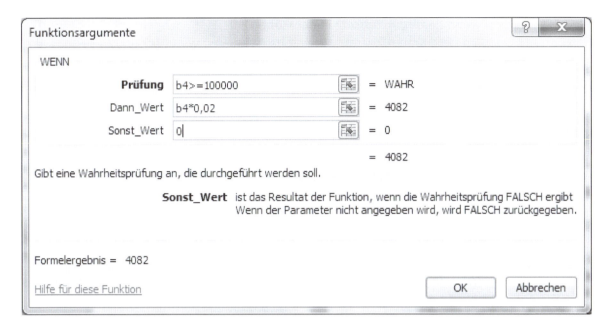

Die Formelsyntax lautet:

=WENN(B4>=100000;B4*0,02;0)

Kopieren Sie Ihre fertige WENN-Funktion – wie oben beschrieben mit einer AutoAusfüllen-Funktion – in die Zellen C5 bis C13. Bis auf zwei Mitarbeiter erhalten alle Mitarbeiter 2% Provision auf den erzielten Umsatz.

Eine Zusatzprovision von 1.500 Euro (fester Wert) erhalten außerdem alle Mitarbeiter, die mindestens 250.000 Euro Umsatz erzielt haben.

Der Aufbau unserer benötigten WENN-Funktion lautet:

WENN   B4>=250000
DANN   1500
SONST 0

Die Formelsyntax lautet:

=WENN(B4>=250000;1500;0)

Diese Zusatzprovision erhält – nachdem Sie die Formel für alle Mitarbeiter kopiert haben, sehen Sie es sofort – nur eine Mitarbeiterin.

Stufe 2: Excel-Anfänger mit Vorkenntnissen

3. Verschachtelte WENN-Funktion

Etwas schwieriger wird es, wenn der Provisionssatz in der Höhe variiert, je nachdem welche Größenordnung der Umsatz in einem bestimmten Zeitraum erzielt hat. Variieren wir unser obiges Beispiel ein wenig:

Jeder Außendienstmitarbeiter erhält zusätzlich zu seinem fixen Grundgehalt eine Provision.
Diese beträgt bei einem:

Umsatz ab 200.000 € pro Quartal	3% vom Umsatz
Umsatz ab 100.000 € pro Quartal	2% vom Umsatz
Umsatz kleiner als 100.000 €	Keine Provision

Wie kann diese Aufgabenstellung in Excel umgesetzt werden?

Wenn der Umsatz 200.000 Euro oder mehr beträgt, wird eine Provision von 3% berechnet.

Wenn der Umsatz weniger als 200.000 Euro beträgt, ist des Weiteren zu prüfen, ob er mindestens 100.000 Euro beträgt. Wenn ja, dann werden zumindest 2% Provision ausgezahlt; wenn nicht, gibt es gar keine Provision. In Excel bedeutet dies eine weitere WENN-Funktion anstelle des SONST-Wertes.

Gehen Sie in das Tabellenblatt „Prämien (2)". Der Cursor steht in der Zelle C4:

	A	B	C
1	Prämien		
2			
3		Umsatz im 4. Quartal	Provision
4	Anton	204.100,00 €	
5	Berta	310.500,00 €	
6	Casimir	198.650,00 €	
7	Dora	164.800,00 €	
8	Emil	172.000,00 €	
9	Fritzchen	98.400,00 €	
10	Gustav	201.950,00 €	
11	Hermann	165.800,00 €	
12	Ida	125.700,00 €	
13	Jule	62.900,00 €	

Stufe 2: Excel-Anfänger mit Vorkenntnissen

Wir gehen mit Hilfe des Funktionsassistenten (Schaltfläche „fx" anklicken) Schritt für Schritt vor:

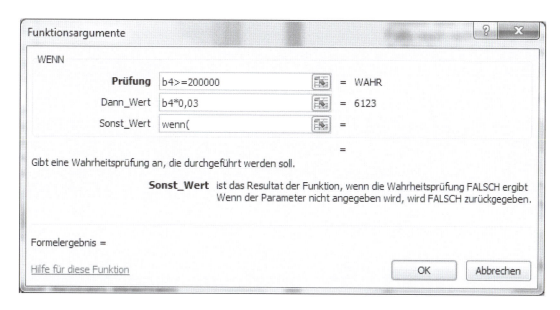

Sobald Sie in den SONST-Wert den Funktionsnamen „wenn" gefolgt von einer öffnenden Klammer eingetragen haben, klicken Sie erneut auf „fx" in der Bearbeitungszeile. Der erste Teil der Formel wird nun in die Bearbeitungszeile übertragen, die (noch leeren) Klammern nach der zweiten WENN-Funktion werden in grüner Schriftfarbe angezeigt. Schließlich klicken Sie noch einmal auf das „fx".

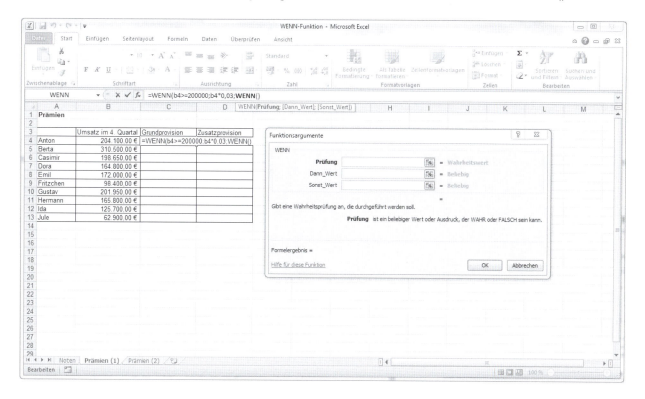

Stufe 2: Excel-Anfänger mit Vorkenntnissen

Der Funktionsassistent öffnet sich wieder – und an der fett gedruckten WENN-Funktion in der Bearbeitungszeile im Hintergrund erkennen Sie, dass Sie nun die zweite WENN-Funktion bearbeiten.

Diese prüft nur für den Fall, dass der Umsatz **nicht** mindestens 200.000 Euro beträgt – denn das wurde ja mit der ersten WENN-Funktion bereits erledigt. Sie tragen ein:

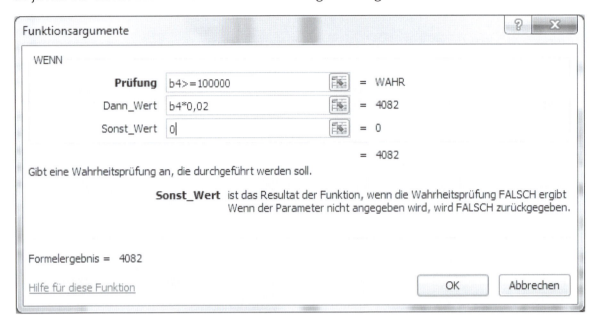

Sobald Sie mit OK bestätigen, ist Ihre zweite – in der ersten WENN-Funktion verschachtelte – Formel fertig gestellt. Falls Excel nicht automatisch eine schließende Klammer an das Ende der gesamten Formel gesetzt hat, erhalten Sie nun eine Fehlermeldung, dass am Ende noch eine Klammer fehlt:

Mit einem Klick auf „Ja" setzt Excel die fehlende Klammer ein.

Die vollständige Formelsyntax lautet:

=WENN(B4>=200000;B4*0,03;WENN(B4>=100000;B4*0,02;0))

Selbstverständlich können Sie diese – wenn Sie in Excel später sicher sind – auch manuell eintippen. Das geht deutlich schneller als mit dem Funktionsassistenten, aber es erfordert von Ihnen sicheres Beherrschen des korrekten Formelaufbaus (der Formelsyntax).

Die komplette Lösung der Aufgaben zu WENN-Funktionen dieses Vorkurses finden Sie auch in der Datei „WENN-Funktion_Ergebnis.xlsx".

Stufe 2: Excel-Anfänger mit Vorkenntnissen

4. SVERWEIS mit Bereich_Verweis = 0

Öffnen Sie die Datei „SVERWEIS.xlsx"

Die Funktion, die in Ihrer Prüfung neben der WENN-Funktion am häufigsten abgefragt wird, ist der SVERWEIS.

Der SVERWEIS sucht in der am weitesten links gelegenen Spalte einer Tabelle nach einem Wert und gibt in der gleichen Zeile einen Wert aus einer von Ihnen angegebenen Spalte in der Tabelle zurück. Dafür müssen die Datensätze in den beiden Listen nicht in der gleichen Reihenfolge angeordnet sein.

Der Wert, der in der ganz linken Spalte steht, sollte den Datensatz eindeutig identifizieren; daher handelt es sich häufig um eine Kundennummer, um eine Artikelnummer, um die Personalnummer oder vergleichbare Zahlen.

Zur Veranschaulichung ein Beispiel:

	A	B	C
1	Artikel		
2			
3	Art.-Nr.	Artikelbezeichnung	VK-Preis
4	1001	Schaukelpferd	129,00 €
5	1005	Puppenhaus	89,00 €
6	1121	Set Handpuppen	24,99 €
7	1344	Lego Duplo Tankstelle	79,90 €
8	1345	Lego Duplo Bauernhof	129,90 €
9	1346	Lego Duplo Zoo	119,90 €
10	1572	Playmobil Ritterburg	99,00 €
11	1892	Set Ritterfiguren	19,50 €
12	1924	Set Drachentöter	9,90 €

	A	B
1	Artikel	
2		
3	Art.-Nr.	EK-Preis
4	1924	4,52 €
5	1892	8,65 €
6	1121	12,31 €
7	1344	48,20 €
8	1572	52,10 €
9	1005	53,24 €
10	1346	72,54 €
11	1345	80,69 €
12	1001	82,40 €

Im Tabellenblatt „Artikel" finden Sie eine Artikelliste von Spielzeugartikeln, geordnet nach Artikelnummern. Die Artikelnummer steht in der am weitesten linken Spalte.

Im Tabellenblatt „EK-Preise" sind nur die Artikelnummern sowie die Einkaufspreise enthalten. Die Tabelle ist nach EK-Preisen geordnet.

In der Tabelle „Artikel" soll nun eine Tabelle mit den EK-Preisen ergänzt werden, um später die Handelsspanne zu errechnen. Dazu ergänzen wir in der Tabelle „Artikel" eine Spalte D – diese ist noch leer – mit der Überschrift „EK-Preis".

Die Preise sollen nun mithilfe der Funktion SVERWEIS automatisch übernommen werden.

Stufe 2: Excel-Anfänger mit Vorkenntnissen

Setzen Sie Ihren Cursor in der Tabelle „Artikel" auf die Zelle D4, denn hier soll später das Ergebnis stehen. Mit dem Funktionsassistenten rufen Sie die Funktion SVERWEIS auf – Sie finden sie in der Kategorie der „Matrix"-Funktionen.

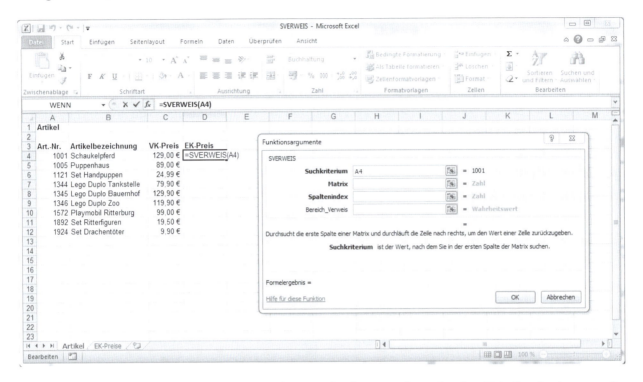

Als Suchkriterium bezeichnet die Funktion den Vergleichswert, der in beiden Tabellen in der ganz linken Spalte steht – in diesem Fall handelt es sich um die Artikelnummer, in der Zeile 4 also die Zelle A4.

Als Zweites ist die Matrix anzugeben, in welcher der gesuchte Wert – in unserem Beispiel der EK-Preis – steht. Eine Matrix ist eine Liste. In diesem Beispiel steht die Matrix in einem anderen Tabellenblatt – nämlich im Tabellenblatt „EK-Preise".

Stufe 2: Excel-Anfänger mit Vorkenntnissen

Wenn Ihr Cursor im Feld „Matrix" des Funktionsassistenten blinkt, klicken Sie zunächst auf das Register „EK-Preise) und markieren dort die gesamte Liste ohne die Überschriften – also von A4 bis B12:

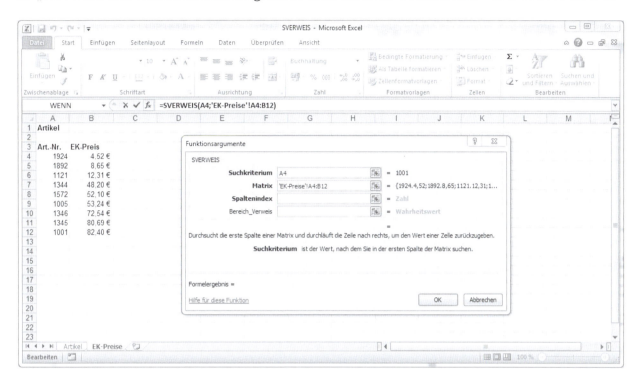

Der Spaltenindex – der dritte gefragte Wert – ist die Spalte innerhalb der Matrix, in welcher der gesuchte Wert zu finden ist. Die Spalte EK-Preis ist die zweite Spalte in der Liste. Tragen Sie also bei „Spaltenindex" eine 2 ein.

Der Bereich_Verweis gibt an, ob eine genaue Übereinstimmung gefunden werden soll (dann wird eine 0 eingegeben) oder ob ein Wert gesucht wird, der am dichtesten am Vorgabewert liegt (dann wird eine 1 eingegeben). Wenn Sie – und so wird es meistens im Fach Informationsverarbeitung geprüft – eine Übereinstimmung zwischen zwei Artikelnummern (oder Personalnummern oder Kundennummern) suchen, ist immer die „0" einzugeben.

Nachdem Sie die 4 Bestandteile der Funktion SVERWEIS angegeben haben, bestätigen Sie den Funktionsassistenten mit „OK". Die Formel in Zelle D4 in der Tabelle „Artikel" lautet vollständig:

=SVERWEIS(A4;'EK-Preise'!A4:B12;2;0)

Da die Formel nun aber nach unten kopiert werden soll, muss noch ein absoluter Bezug gesetzt werden. Würden Sie die Funktion ohne diesen absoluten Bezug kopieren, stünde in der Zelle D5 folgendes:

=SVERWEIS(A5;'EK-Preise'!A5:B13;2;0)

Dies führt aber zum falschen Ergebnis, denn die Matrix verändert sich ja nicht. Während aus A4 (für Zeile 4) tatsächlich A5 in der Zeile 5 werden soll, soll die Matrix genau wie vorher angegeben werden. Dies erreichen Sie durch einen absoluten Bezug – gekennzeichnet durch die $-Zeichen – in der zu kopierenden Ausgangsfunktion.

Wir wechseln also noch einmal zurück zur Zelle D4 im Tabellenblatt „Artikel" und klicken innerhalb der Formel in die Matrix hinein – setzen Sie den Cursor innerhalb des Matrix-Bestandteils zuerst zwischen das A und die 4 und drücken Sie die Funktionstaste F4. Anschließend setzen Sie den Cursor innerhalb des Matrixbereichs zwischen B und 12 und drücken nochmals die Taste F4. Damit werden die Dollarzeichen sowohl vor dem Buchstaben als auch vor der Zahl hinzugefügt. Die Funktion ist nun

Stufe 2: Excel-Anfänger mit Vorkenntnissen

fertig gestellt:

=SVERWEIS(A4;'EK-Preise'!$A$4:$B$12;2;0)

Natürlich können Sie den absoluten Bezug auch bereits beim Erstellen der Formel hinzufügen und müssen dies nicht erst im Nachhinein tun. Sie müssen auch nicht die F4-Taste verwenden, sondern können die Dollarzeichen auch mittels Tastatur an den richtigen Stellen eintippen.

Nun kann die Formel für alle anderen Artikel nach unten kopiert werden. Sie erhalten folgendes Ergebnis:

	A	B	C	D
1	Artikel			
2				
3	Art.-Nr.	Artikelbezeichnung	VK-Preis	EK-Preis
4	1001	Schaukelpferd	129,00 €	82,40 €
5	1005	Puppenhaus	89,00 €	53,24 €
6	1121	Set Handpuppen	24,99 €	12,31 €
7	1344	Lego Duplo Tankstelle	79,90 €	48,20 €
8	1345	Lego Duplo Bauernhof	129,90 €	80,69 €
9	1346	Lego Duplo Zoo	119,90 €	72,54 €
10	1572	Playmobil Ritterburg	99,00 €	52,10 €
11	1892	Set Ritterfiguren	19,50 €	8,65 €
12	1924	Set Drachentöter	9,90 €	4,52 €

Die komplette Lösung der Aufgaben zu SVERWEIS dieses Vorkurses finden Sie auch in der Datei „SVERWEIS_Ergebnis.xlsx".

Aufgaben

Laden Sie bitte vor Bearbeitung der folgenden Aufgaben die benötigten Dateien herunter: *www.u-form.de/addons/2199.zip*

Ihre Notizen

Aufgabe 1: Vertriebszahlen Aquaristik

Aufgabe 1: Vertriebszahlen Aquaristik

Situation:

Sie sind in der Zentralen Verwaltung der MIKO Tier- und Gartenbedarf GmbH als Sachbearbeiter/in im Vertriebsinnendienst eingesetzt. Für Ihren Vorgesetzten, Herrn Werner, sollen Sie einige Auswertungen vornehmen.

1.1 Vorbereiten der Daten

Öffnen Sie mit Ihrem Tabellenkalkulationsprogramm die Datei „MIKO Vertrieb Aquaristik.xlsx".

	A	B	C	D	E	F	G
1	Verkaufszahlen 2. Halbjahr - Aquarien des Herstellers "Golden"						
2							
3			Juli	August	September	Oktober	November	Dezember
4			Stück	Stück	Stück	Stück	Stück	Stück
5	Standard		133	146	143	150	126	117
6	Luxus		95	105	118	102	99	89
7	Super GL		79	81	74	98	89	81
8	Gesamt							
9								

Registerblätter: Hersteller "Golden" / Preise / Umsatzentwicklung

Speichern Sie diese Datei unter der Bezeichnung „Auswertung Vertriebszahlen".

1.1.1 Ergänzen Sie in der Tabelle „Hersteller Golden" die Spalten H bis K gemäß Anlage 1 (diese finden Sie am Ende der Aufgabe 1). Übernehmen Sie auch die Formatierungen (Schriftgröße 11 pt, Schriftart Arial) einschließlich der Zeilenumbrüche und Rahmenlinien.

1.1.2 Fügen Sie in den beiden Tabellenblättern „Hersteller Golden" sowie „Umsatzentwicklung" in der Fußzeile im rechten Abschnitt Ihren Namen ein. Im linken Abschnitt soll der Dateiname und im mittleren Abschnitt die jeweilige Tabellenregisterbezeichnung erscheinen.

Aufgabe 1: Vertriebszahlen Aquaristik

1.2 Bearbeiten der Daten

Hinweis: Alle Berechnungen sind formelgesteuert so vorzunehmen, dass alle Formeln kopierfähig sind.

Sie befinden sich im Tabellenblatt „Hersteller Golden". Die folgenden Bearbeitungen sind im Tabellenblatt „Hersteller Golden" vorzunehmen.

1.2.1 Ermitteln Sie in der Zelle B8 die Summe der Verkaufszahlen aller drei Produkte für den Monat Juli. Kopieren Sie Ihre Formel in die Zellen C8 bis G8, um die Summen für die übrigen Monate des 2. Halbjahres zu berechnen.

1.2.2 Ermitteln Sie in der Spalte H die Verkaufszahlen für das 2. Halbjahr.

1.2.3 Übernehmen Sie in Zellen I5 bis I7 die Einzelpreise der drei Produkte mit Bezug auf die entsprechenden Zellen in dem Tabellenregisterblatt „Preise".

1.2.4 Ermitteln Sie in der Spalte J in den vorgegebenen Zellen den jeweiligen Umsatz für das 2. Halbjahr des jeweiligen Produkts. In der Zelle J8 lassen Sie den Gesamtumsatz für das 2. Halbjahr berechnen.

1.2.5 Ermitteln Sie in der Zelle K5 den prozentualen Anteil dieses Produkts am Umsatz des 2. Halbjahres. Kopieren Sie Ihre Formel in die Zellen K6 bis K8.

1.2.6 Formatieren Sie die prozentualen Anteile im Zahlenformat „Prozent" mit 2 Nachkommastellen.

Wechseln Sie in das Tabellenblatt „Umsatzentwicklung". Die folgenden Bearbeitungen sind im Tabellenblatt „Umsatzentwicklung" vorzunehmen.

1.2.7 Ermitteln Sie in der Zelle D6 mit Bezug auf die Werte im Tabellenblatt „Hersteller Golden" den Umsatz für das 3. Quartal und kopieren Sie Ihre Formel in die Zellen D7 und D8. Ermitteln Sie ebenso die Umsätze für das 4. Quartal.

1.2.8 Ermitteln Sie in der Zelle G6 die prozentuale Veränderung vom 1. zum 2. Quartal (im Vergleich zum 1. Quartal) für das Aquarium „Standard". Ermitteln Sie die prozentualen Veränderungen für die übrigen Produkte ebenso wie für die anderen Quartale des abgeschlossenen Jahres. Formatieren Sie die Zellen in Prozent mit 2 Nachkommastellen.

1.3 Seitenlayout und Druck

1.3.1 Die Tabellenblätter „Hersteller Golden" und „Umsatzentwicklung" sind beide auf jeweils einer A4-Seite im Querformat mit Gitternetzlinien sowie Zeilen- und Spaltenüberschriften für den Druck vorzubereiten.

1.3.2 Drucken Sie die Tabellenblätter – in der Prüfung erst nach Anweisung der Prüfungsaufsicht – aus.

1.3.3 Drucken Sie beide Tabellenblätter außerdem mit Formelansicht (im Querformat) aus.

Aufgabe 1: Vertriebszahlen Aquaristik

Anlage 1

	H	I	J	K
1				
2				
3	Verkauf 2. Halbjahr	Verkaufspreis je Stück	Umsatz 2. Halbjahr	Anteil am Umsatz des 2. Halbjahres
4	Stück			
5				
6				
7				
8				
9				
10				

Aufgabe 2: Vertriebszahlen Außendienst

Aufgabe 2: Vertriebszahlen Außendienst

Situation:

Sie sind in der Zentralen Verwaltung der MIKO Tier- und Gartenbedarf GmbH als Sachbearbeiter/in eingesetzt. Neben Ihren 22 Vertriebsfilialen gibt es einen Außendienst mit 6 Mitarbeitern, die bestimmte Produkte an kleinere Bau- und Gartenmärkte verkaufen.

Im 1. Quartal dieses Jahres wurde für den Verkauf des Nagerkäfigs „Little Castle" eine Zusatzprovision eingeführt. Sie erstellen nach den folgenden Vorgaben eine Auswertung für dieses Außendienst-Produkt.

2.1 Vorbereiten der Daten

Öffnen Sie mit Ihrem Tabellenkalkulationsprogramm die Datei „MIKO Filialen und Außendienst.xlsx".

	A	B	C	D	E
1	Außendienst				
2					
3	Nettopreis Nagerkäfig "Little Castle"		129,00 €		
4					
5					
6	Filiale	Region	Außendienst-mitarbeiter	Anzahl Verkäufe "Little Castle"	Nettoumsatz 1. Quartal "Little Castle"
7	Berlin		Hermann, Peter	1226	
8	Dortmund		Brendler, Hans-Jürgen	745	
9	Dresden		Waldburg, Ulrich	533	
10	Hamburg Altona		Liebermann, Werner	895	
11	Hannover Laatzen		Ortricht, Hendrik	1004	
12	München		Wilkens, Jan	954	
13					

Fläche / Miete / Abteilungen / Außendienst /

Speichern Sie diese Datei unter der Bezeichnung „Auswertung Außendienst". Sie benötigen die Tabellenblätter „Abteilungen" und „Außendienst".

2.1.1 Löschen Sie die Tabellenblätter „Fläche" und „Miete".

2.1.2 Benennen Sie das Tabellenblatt „Abteilungen" in „Filialen" um.

2.1.3 Löschen Sie im Tabellenblatt „Filialen" die Spalten C bis H. Die Spalte C beinhaltet nun die Überschrift „Außendienst".

2.1.4 Fügen Sie in beiden Tabellenblättern in der Fußzeile im rechten Abschnitt Ihren Namen ein.

2.1.5 Verringern Sie im Tabellenblatt „Außendienst" die Spaltenbreite der Spalten A sowie der Spalten D bis F auf die Spaltenbreite 17. Verringern Sie die Spaltenbreite der Spalte B auf 10.

Aufgabe 2: Vertriebszahlen Außendienst

2.2 Bearbeiten der Daten

Hinweis: Alle Berechnungen sind formelgesteuert so vorzunehmen, dass alle Formeln kopierfähig sind.

2.2.1 Sie befinden sich im Tabellenblatt „Außendienst". Übernehmen Sie in der Spalte „Region" die Angabe der Region mit Bezug auf das Tabellenblatt „Filialen" für jeden Außendienstmitarbeiter.

2.2.2 Ermitteln Sie in der vorgesehenen Spalte den Nettoumsatz je Außendienstmitarbeiter.

2.2.3 Fügen Sie vor der Spalte „Zusatzprovision" eine neue Spalte ein und benennen Sie diese mit „Grundprovision".

2.2.4 Ermitteln Sie die Grundprovision für jeden Außendienstmitarbeiter, die für dieses Produkt 2 % vom Nettoumsatz beträgt.

2.2.5 Die Zusatzprovision für das Produkt wird in Abhängigkeit von der Höhe des Nettoumsatzes in einem Quartal gewährt. Ermitteln Sie die Zusatzprovision in der vorgesehenen Spalte mit Hilfe der WENN-Funktion.

Variante 1: Einfacher Schwierigkeitsgrad

Es gelten folgende Bedingungen:

Nettoumsatz ab 100.000 € pro Quartal	1 % vom Nettoumsatz
Nettoumsatz kleiner als 100.000 €	Keine Prämie

Variante 2: Mittlerer Schwierigkeitsgrad

Es gelten folgende Bedingungen:

Nettoumsatz ab 150.000 € pro Quartal	1,5 % vom Nettoumsatz
Nettoumsatz ab 100.000 € pro Quartal	1 % vom Nettoumsatz
Nettoumsatz kleiner als 100.000 €	Keine Prämie

2.2.6 Fügen Sie rechts neben der Spalte „Zusatzprovision" eine weitere Spalte ein und berechnen Sie in dieser neuen Spalte die „Gesamtprovision" für jeden Außendienstmitarbeiter.

2.2.7 Ermitteln Sie in der Zeile 13 die Summen der Anzahl der Verkäufe, des Nettoumsatzes sowie der verschiedenen Provisionen.

2.2.8 Formatieren Sie alle Euro-Werte als Zahl mit 1000er-Trennpunkt sowie mit zwei Nachkommastellen.

2.2.9 Ermitteln Sie in der vorgesehenen Spalte den prozentualen Anteil des Nettoumsatzes eines jeden Außendienstmitarbeiters. Formatieren Sie Ihre Ergebnisse in Prozent mit einer Nachkommastelle.

Aufgabe 2: Vertriebszahlen Außendienst

2.2.10 Ermitteln Sie in einer weiteren Spalte rechts daneben den prozentualen Anteil eines jeden Mitarbeiters an der Zusatzprovision. Geben Sie der Spalte eine entsprechende Überschrift und übernehmen Sie das Format der anderen Spaltenüberschriften. Ihre Ergebnisse formatieren Sie in Prozent mit einer Nachkommastelle.

2.2.11 Die Spalten I und J erhalten jeweils die Spaltenbreite 18.

2.2.12 Lassen Sie in der Zeile 13 die Summe der Prozentwerte in beiden Spalten berechnen.

2.2.13 Formatieren Sie die Schrift in Zeile 13 fett und doppelt unterstrichen.

2.3 Darstellung statistischer Daten

2.3.1 Erstellen Sie ein Kreisdiagramm, welches die prozentualen Anteile am Nettoumsatz der einzelnen Außendienstmitarbeiter darstellt.

2.3.2 Geben Sie dem Diagramm eine aussagefähige Überschrift.

2.3.3 Die Legende soll links neben dem Diagramm platziert werden und die Datenbeschriftungen sollen als Prozentwerte mit einer Nachkommastelle angezeigt werden.

2.4 Seitenlayout und Druck

Hinweis: Nur das Tabellenblatt „Außendienst" soll ausgedruckt werden.

2.4.1 Verringern Sie den rechten und den linken Seitenrand auf jeweils 1,00 cm. Stellen Sie das Querformat ein.

2.4.2 Das Tabellenblatt „Außendienst" ist auf einer A4-Seite im Querformat mit Gitternetzlinien sowie Zeilen- und Spaltenüberschriften für den Druck vorzubereiten. Ordnen Sie alle Aufgabenteile übersichtlich und lesbar an.

2.4.3 Drucken Sie das Tabellenblatt – in der Prüfung erst nach Anweisung der Prüfungsaufsicht – aus.

2.4.4 Drucken Sie das Tabellenblatt „Außendienst" außerdem mit Formelansicht (im Querformat) aus.

Aufgabe 3: Ausbildungsplätze

Aufgabe 3: Ausbildungsplätze

Situation:

Sie sind in der Personalabteilung der MIKO Tier- und Gartenbedarf GmbH in Hannover als Sachbearbeiter/in tätig.

In Ihrem Unternehmen wird in fünf IHK-Berufen ausgebildet: Bürokaufleute, Kaufleute für Bürokommunikation, Kaufleute im Groß- und Außenhandel, Kaufleute im Einzelhandel sowie Fachkräfte für Lagerlogistik. Sie arbeiten an einer Auswertung, wie viele Bewerber sich in den letzten 10 Jahren auf die jeweiligen Berufsfelder beworben haben.

Des Weiteren bereiten Sie für Ihre Vorgesetzte, Frau Irina Czepek, eine Auswertung der Schulnoten für die Vorstellungsgespräche in der nächsten Woche vor. Frau Czepek vermutet, dass es kaum noch Bewerber in den Büroberufen gibt, die in den Fächern Deutsch und Englisch einen Notendurchschnitt von 2 oder besser haben. Bei den Kaufleuten im Groß- und Außenhandel vermutet Frau Czepek, dass der Durchschnitt der Fächer Mathe und Englisch kaum besser ist als 3.

3.1 Vorbereiten der Daten

Öffnen Sie mit Ihrem Tabellenkalkulationsprogramm die Datei „MIKO Personal Standort Hannover.xlsx".

	A	B	C	D	E
1	Bewerber um einen Ausbildungsplatz 2001 - 2011				
2					
3	Jahr	Büroberufe absolut	Groß- und Außenhandel absolut	Einzelhandel absolut	Lagerlogistik absolut
4	2001	113	63	76	21
5	2002	120	59	92	44
6	2003	98	43	105	36
7	2004	216	71	113	29
8	2005	235	54	118	34
9	2006	196	34	132	67
10	2007	205	65	139	54
11	2008	156	79	147	69
12	2009	190	82	162	48
13	2010	272	93	170	87
14	2011	269	95	181	52
15	Summe				
16	Durchschnitt				
17					
18					
19	Jahr	Bewerber mit Hochschulreife	Bewerber ohne Hochschulreife	Bewerber insgesamt	Anteil der Bewerber ohne Hochschulreife
20	2001	83		273	
21	2002	71		315	
22	2003	95		282	
23	2004	101		429	
24	2005	96		441	
25	2006	112		429	
26	2007	121		463	
27	2008	139		451	
28	2009	116		482	
29	2010	182		622	
30	2011	153		597	
31					

Speichern Sie diese Datei unter der Bezeichnung „Auswertung Ausbildung".
Sie benötigen ausschließlich das Tabellenblatt „Bew_Ausbildung".

Aufgabe 3: Ausbildungsplätze

3.1.1 Löschen Sie alle Tabellenregisterblätter bis auf das benötigte Tabellenblatt „Bew_Ausbildung".

3.1.2 Fixieren Sie die Spalte A sowie die Zeilen 1 bis 3.

3.1.3 Ergänzen Sie die Überschriften in den Zellen F3 bis I3 um die Angabe „in Prozent" gemäß Anlage 1 (am Ende der Aufgabe 3). Achten Sie auf die vorgegebenen Zeilenumbrüche.

3.1.4 Fügen Sie ein weiteres leeres Tabellenblatt ein, welches Sie in „Noten" umbenennen.

3.1.5 Stellen Sie für alle Zellen die Schriftart Arial und Schriftgröße 11 pt. ein. Geben Sie Daten gemäß Anlage 2 (am Ende der Aufgabe 3) ein. Beginnen Sie in Zelle A1.

3.1.6 Erfassen Sie des Weiteren die Tabelle gemäß Anlage 3 (am Ende der Aufgabe 3), beginnend in der Zelle G3. Übernehmen Sie für beide Anlagen alle vorgegebenen Formatierungen und Rahmenlinien.

3.1.7 Ergänzen Sie in beiden Tabellenblättern in der Fußzeile im mittleren Abschnitt Ihren Namen.

3.2 Bearbeiten der Daten

Hinweis: Alle Berechnungen sind formelgesteuert so vorzunehmen, dass alle Formeln kopierfähig sind.

Sie haben das Tabellenblatt „Bew_Ausbildung" aktiviert. Alle folgenden Bearbeitungen nehmen Sie in diesem Tabellenblatt vor.

3.2.1 Ermitteln Sie in der Zelle B15 die Summe der Bewerbungen in den Büroberufen in den vergangenen 10 Jahren. Kopieren Sie Ihre Formel in die Zellen C15 bis E15, um die Bewerbungen in den anderen Berufen berechnen zu lassen.

3.2.2 Ermitteln Sie in der Zelle B16 den Durchschnitt der eingegangenen Bewerbungen für die Büroberufe. Kopieren Sie Ihre Formel in die Zellen C16 bis E16 für die übrigen Berufe.

3.2.3 Formatieren Sie Ihre acht Ergebnisse als Zahl ohne Nachkommastellen.

3.2.4 Ermitteln Sie in der Zelle F4 den prozentualen Anteil der Bewerber auf einen Ausbildungsplatz in den Büroberufen im Jahr 2001.

3.2.5 Kopieren Sie Ihre Formel aus der Zelle F4 in die Zellen F5 bis F14.

3.2.6 Kopieren Sie Ihre Formel aus der Zelle F4 in die Zellen G4 bis I4.

3.2.7 Kopieren Sie Ihre Formel aus der Zelle G4 in die Zellen G5 bis G14, aus H4 in H5 bis H14 sowie aus I4 in I5 bis I14.

3.2.8 Formatieren Sie alle errechneten Prozentwerte im Format „Prozent" mit zwei Nachkommastellen.

Aufgabe 3: Ausbildungsplätze

3.2.9 Ergänzen Sie in der Spalte J als Überprüfung eine Spalte „Summe Prozent" und addieren Sie jeweils für die Zeilen 4 bis 14 die vier Prozentwerte. Formatieren Sie diese Spalte ebenfalls im Format „Prozent", aber ohne Nachkommastellen.

3.2.10 Lassen Sie im Zellbereich F4 bis I14 mittels bedingter Formatierung Prozentwerte ab 50% in blauer und fett formatierter Schrift sowie Prozentwerte, die kleiner als 10% sind, in orangefarbener und fett formatierter Schrift ausgeben.

3.2.11 Ermitteln Sie in der Zelle C20 die Anzahl der Bewerber ohne Hochschulreife im Jahr 2001. Kopieren Sie diese Formel in die Zellen C21 bis C30.

3.2.12 Ermitteln Sie in Zelle E20 den prozentualen Anteil der Bewerber ohne Hochschulreife im Jahr 2001. Kopieren Sie diese Formel in die Zellen E21 bis E30.

3.2.13 Ermitteln Sie in der Zelle B31 den Durchschnitt der Bewerber mit Hochschulreife in den letzten 10 Jahren. Kopieren Sie Ihre Formel in die Zellen C31 bis E31. Formatieren Sie absolute Ergebnisse als Zahl mit zwei Nachkommastellen und Ihr Prozentergebnis im Format „Prozent" mit ebenfalls zwei Nachkommastellen.

Wechseln Sie in das Tabellenblatt „Noten".

3.2.14 Ermitteln Sie in der Spalte G mithilfe der WENN-Funktion, ob eine der drei Noten in den Hauptfächern eine „5" ist. Ist dies der Fall, soll der Text „Zeugnis prüfen" erscheinen, im anderen Fall bleibt das Feld leer. Kombinieren Sie Ihre WENN-Funktion nach Bedarf mit anderen logischen Funktion (Funktionen UND- oder ODER).

3.2.15 Ermitteln Sie in der Spalte H unter Verwendung der WENN-Funktion den Durchschnittswert der beiden Sprachnoten (Deutsch und Englisch) für diejenigen Bewerber, die sich als Bürokaufmann/Bürokauffrau oder als Kaufmann/Kauffrau für Bürokommunikation bewerben. Bei den Bewerbern auf andere Berufe bleibt das Feld leer.

3.2.16 Ermitteln Sie in der Spalte I für die Bewerber auf einen Ausbildungsplatz als Kaufleute im Groß- und Außenhandel sowie im Einzelhandel die Durchschnittsnote für die Fächer Mathe und Englisch.

3.2.17 Bei den Fachkräften für Lagerlogistik sollen geringere Anforderungen gelten. Englisch spielt keine Rolle. Wenn die Noten sowohl in Mathe als auch in Deutsch aber schlechter sind als 3, soll die Meldung „Bewerbung prüfen" erscheinen. Im anderen Fall soll der Text „Mathe/Deutsch mind. 3" erscheinen. Für die Bewerber auf Ausbildungsplätze in anderen Berufsfeldern bleibt das Feld leer.

Aufgabe 3: Ausbildungsplätze

3.3 Darstellung statistischer Daten

3.3.1 Kopieren Sie Ihr fertig gestelltes Tabellenblatt „Bew_Ausbildung" zweimal. Die erste Tabellenregister-Kopie benennen Sie in „Auswertung Hochschulreife" um. Die zweite Kopie benennen Sie in „Auswertung Berufe" um.

3.3.2 Wechseln Sie in das Tabellenblatt „Auswertung Hochschulreife". Löschen Sie die Zeilen 3 bis 18.

3.3.3 Heben Sie die Fixierung in diesem Tabellenblatt auf.

3.3.4 Erstellen Sie ein Kreisdiagramm, das den Durchschnittswert der Bewerber mit Hochschulreife den Bewerbern ohne Hochschulreife gegenüberstellt. Geben Sie dem Diagramm eine aussagekräftige Überschrift und formatieren Sie die Datenbeschriftungen in Prozent mit zwei Nachkommastellen. Die Legende soll links vom Diagramm platziert werden.

3.3.5 Wechseln Sie in das Tabellenblatt „Auswertung Berufe". Löschen Sie die Zeilen 19 bis 31 sowie die Spalten F bis J. Heben Sie die Fixierung auf.

3.3.6 Erstellen Sie ein Liniendiagramm mit Datenpunkten, das die Entwicklung der absoluten Bewerberzahlen in den 4 Ausbildungsberufen des Unternehmens darstellt. Als X-Achse sollen die Jahreszahlen dargestellt werden. Geben Sie dem Diagramm eine aussagekräftige Überschrift. Die Legende soll unterhalb des Diagramms angezeigt werden.

3.4 Stellungnahme

3.4.1 Fügen Sie im Tabellenblatt „Noten" ein Textfeld ein.

3.4.2 Nehmen Sie Stellung zu der Vermutung von Frau Czepek bezüglich der Noten. Formulieren Sie in vollständigen Sätzen, nicht stichwortartig. Achten Sie auf eine gute Ausdrucksweise und übersichtliche Darstellung.

3.5 Seitenlayout und Druck

3.5.1 Fügen Sie in den beiden zusätzlich hinzugefügten Tabellenblättern ebenfalls in der Fußzeile im mittleren Abschnitt Ihren Namen ein.

3.5.2 Richten Sie für alle Tabellenblätter das A4-Querformat ein. Stellen Sie folgende Seitenränder ein: Oben 1,00 cm, links und rechts jeweils 1,5 cm, unten 2,00 cm und Abstand der Fußzeile 0,8 cm. Alle Tabellenblätter sind mit Gitternetzlinien sowie Zeilen- und Spaltenüberschriften für den Druck vorzubereiten.

3.5.3 Ordnen Sie alle Aufgabenteile in allen Tabellenblättern übersichtlich an.

3.5.4 Das Tabellenblatt „Bew_Ausbildung" ist auf zwei Seiten breit und eine Seite hoch anzupassen. Die anderen drei Tabellenblätter sollen auf jeweils einer Seite ausgedruckt werden.

3.5.5 Drucken Sie Ihre Tabellenblätter – in der Prüfung erst nach Anweisung der Prüfungsaufsicht – aus.

3.5.6 Drucken Sie die Tabellenblätter „Bew_Ausbildung" und „Noten" außerdem in der Formelansicht aus.

Aufgabe 3: Ausbildungsplätze

Anlage 1

	A	F	G	H	I	J
1	Bewerber um					
2						
3	Jahr	Büroberufe in Prozent	Groß- und Außenhandel in Prozent	Einzelhandel in Prozent	Lagerlogistik in Prozent	
4	2001					
5	2002					
6	2003					
7	2004					
8	2005					
9	2006					
10	2007					
11	2008					
12	2009					
13	2010					
14	2011					
15	Summe					
16	Durchschnitt					
17						

Anlage 2

	A	B	C	D	E
1	Schulnoten Bewerber Vorstellungsgespräch				
2					
3		Ausbildungsberuf	Mathe	Deutsch	Englisch
4	Anselm, Britta	BK	2	2	3
5	Bertram, Lisa	BK	4	2	1
6	Czerny, Susanne	BK	2	3	2
7	Dorian, Hendrik	GA	2	2	5
8	Erdmann, Klaus-Peter	LA	4	4	4
9	Friedrich, Tania	BK	1	2	1
10	Gustmann, Ulrike	GA	1	2	5
11	Herzig, Marie-Ann	GA	2	2	2
12	Jurenko, Olga	BK	2	3	1
13	Karl, Sandra	LA	4	3	4
14	Ludwig, Petra	BK	1	1	2
15	Menzel, Annette	GA	3	2	2
16	Neumann, Andrea	GA	2	3	2
17					
18	Bedeutung Abkürzungen:				
19	BK	Bürokaufmann / Kfm. für Bürokommunikation			
20	GA	Groß- und Außenhandelskaufmann			
21	EK	Einzelhandelskaufmann			
22	LA	Fachkraft für Lagerlogistik			
23					

Aufgabe 3: Ausbildungsplätze

Anlage 3

	F	G	H	I	J
1					
2					
3		Note 5 alle	Deutsch/Englisch bei BK	Mathe/Englisch bei GA/EK	Mathe/Deutsch bei LA
4					
5					
6					
7					
8					
9					
10					
11					
12					
13					
14					
15					
16					
17					

Aufgabe 4: Auswertungen Personalabteilung

Aufgabe 4: Auswertungen Personalabteilung

Situation:

Sie sind in der Personalabteilung der MIKO Tier- und Gartenbedarf GmbH in Hannover als Sachbearbeiter/in tätig.

Ihr Chef, der Personalleiter Jörgen Rappolt, hat Sie gebeten, mehrere Listen für ihn zu erstellen.

4.1 Vorbereiten der Daten

Öffnen Sie mit Ihrem Tabellenkalkulationsprogramm die Datei „MIKO Personal Standort Hannover.xlsx".

	A	B	C	D	E	F	G	H
1	Personalstamm Hannover							
2								
3	Personal-Nummer	Name	Vorname	Geburtsdatum	Eintrittsdatum	Befristung ja/nein	Befristet bis	Geschlecht
4	10359	Albers	Sabrina	05.07.1981	15.11.1998	nein		w
5	12017	Amboss	Wiebke	26.05.1968	01.06.2011	ja	31.05.2013	w
6	11546	Becker	Ullrich	20.04.1973	01.06.2003	nein		m
7	12833	Bertram	Christina	12.06.1985	01.01.2012	ja	31.12.2014	w
8	11964	Bocchacio	Julian	14.12.1985	12.09.2009	nein		m
9	10639	Bockmann	Herma	19.10.1959	01.06.2002	nein		w
10	10889	Brelle	Jan-Hendrick	10.10.1956	01.08.2007	nein		m
11	10457	Brückner	René	01.04.1969	01.09.2001	nein		m
12	10813	Buchner	Nicola	16.02.1971	01.06.2005	nein		w
13	10039	Burmeister	Hannah	08.03.1965	01.06.1999	nein		w
14	10431	Christensen	Peter	12.07.1973	15.05.2006	nein		m
15	12963	Clausen	Jan	07.05.1987	01.09.2005	nein		m
16	11328	Dreesen	Julius	13.01.1988	01.09.2007	nein		m
17	11695	Drexel	Elias	09.11.1981	01.09.2006	nein		w
18	10097	Drösemeyer	Frank	24.12.1975	01.03.1995	nein		m
19	10524	Droste	Paul	13.05.1971	01.06.2006	nein		m
20	10980	Dudziak	Kurt	27.11.1988	01.08.2007	nein		m
21	12755	Dzaak-Kürtel	Üsgül	09.05.1973	01.05.2011	ja	30.04.2013	w
22	11934	Eckardt	Nils	18.02.1972	01.06.2002	nein		m
23	10041	Ehmen	Andreas	14.10.1973	01.05.1999	nein		m
24	10321	Eldoran	Stephan	12.12.1979	01.03.2003	nein		m
25	10563	Fabian	Johannes	26.11.1980	15.09.2006	nein		m
26	11932	Feldkamp	René	12.10.1978	01.02.2010	nein		m
27	10009	Franke	Karla	23.07.1959	01.11.1986	nein		w
28	10060	Gliemann	Ulrike	14.02.1957	01.01.1998	nein		w

Tabellenblätter: Personalliste / Gehaltstabelle / K-Tage 2011 / Arbeitsunfälle / Bew Ausbildung / Beitragssatz_AG / Beitragssatz_AN

Speichern Sie diese Datei unter der Bezeichnung „Auswertungen Personalabteilung".
Sie benötigen die Tabellenblätter „Personalliste", „Gehaltstabelle" und „K-Tage".

Aufgabe 4: Auswertungen Personalabteilung

4.1.1 Löschen Sie die Tabellenblätter, die Sie nicht benötigen.

4.1.2 Kopieren Sie das Tabellenblatt „Personalliste" und benennen Sie Ihre Kopie in „Geburtstagsliste" um. Löschen Sie in diesem Tabellenblatt die Spalten E bis L. Ergänzen Sie positionsgerecht in den Spalten E bis I die Überschriften wie in Anlage 1 (am Ende der Aufgabe 4) vorgegeben. Übernehmen Sie auch die Formatierungen gemäß dieser Vorlage. Die Höhe der Zeile 3 soll 60,00 (80 Pixel) betragen.

4.1.3 Kopieren Sie erneut das Tabellenblatt „Personalliste" und benennen Sie Ihre Kopie in „Gehaltsauswertung" um. Löschen Sie hierin die Spalten D bis K. Die Entgeltstufe steht nun in Spalte D. Übernehmen Sie positionsgerecht die Angaben einschließlich der Formatierungen gemäß Anlage 2 (am Ende der Aufgabe 4). Die Höhe der Zeile 3 soll wiederum 60,00 (80 Pixel) betragen.

4.1.4 Wechseln Sie ins Tabellenblatt „K-Tage". Übernehmen Sie positionsgerecht die Angaben gemäß Anlage 3 (am Ende der Aufgabe 4). Übernehmen Sie ebenfalls die vorgegebenen Rahmenlinien. Die Spaltenbreite der Spalten D und I ist auf 5,00 zu verringern. Die Spalten E bis H sind auf die Breite 13,00 und die Spalten J bis L sind auf die Breite 15,00 zu erweitern.

4.1.5 Kopieren Sie nochmals das Tabellenblatt „Personalliste" und benennen Sie das neue Tabellenblatt in „Betriebszugehörigkeit" um. Löschen Sie die Spalten D sowie H bis L. Das Eintrittsdatum steht nun in Spalte D und das Vorhandensein einer Befristung in Spalte E.

4.1.6 Fügen Sie in den Tabellenblättern „Geburtstagsliste", „Gehaltsauswertung", „K-Tage" sowie „Betriebszugehörigkeit" in der Fußzeile im linken Abschnitt Ihren Namen ein. Im mittleren Abschnitt soll automatisch der Dateiname einschließlich Pfadangabe angezeigt werden und im rechten Abschnitt der Name des Tabellenregisterblattes.

4.2 Bearbeiten der Daten – Tabellenblatt „Geburtstagsliste"

Wechseln Sie ins Tabellenblatt „Geburtstagsliste". Die folgenden Bearbeitungen sind in diesem Tabellenblatt vorzunehmen.

Hinweis: Alle Berechnungen sind formelgesteuert so vorzunehmen, dass alle Formeln kopierfähig sind.

4.2.1 Lassen Sie in Zelle E4 den Vor- und den Nachnamen mittels Textverkettung anzeigen. Zwischen dem Vor- und dem Nachnamen soll ein Leerzeichen stehen.

4.2.2 Ermitteln Sie in der Zelle F4 mittels der Funktion MONAT den Monat des Geburtstags.

4.2.3 Ermitteln Sie in der Zelle G4 mittels der Funktion TAG den Tag des Geburtstags.

4.2.4 Lassen Sie mittels Verkettung in der Zelle H4 den Geburtstag im Jahr 2012 ausgeben.

4.2.5 Ermitteln Sie in der Zelle I4 den Wochentag des Geburtstags im Jahr 2012. Formatieren Sie Ihr Ergebnis so, dass der Wochentag ausgeschrieben dargestellt wird (z. B. „Montag").

4.2.6 Kopieren Sie alle Formeln für alle Mitarbeiter.

Aufgabe 4: Auswertungen Personalabteilung

4.2.7 Sortieren Sie in einem Sortiervorgang die Tabelle aufsteigend, und zwar zuerst nach „Monat" und anschließend nach „Tag".

4.2.8 Blenden Sie die Spalten A bis C aus.

4.2.9 Geben Sie der Liste in Zelle D1 eine aussagekräftige Überschrift.

4.3 Bearbeiten der Daten – Tabellenblatt „Gehaltsauswertung"

Wechseln Sie ins Tabellenblatt „Gehaltsauswertung". Die folgenden Bearbeitungen sind in diesem Tabellenblatt vorzunehmen.

Hinweis: Alle Berechnungen sind formelgesteuert so vorzunehmen, dass alle Formeln kopierfähig sind.

4.3.1 Ermitteln Sie in Zelle E4 mithilfe der Funktion SVERWEIS das Gehalt der Mitarbeiterin mit Bezug auf das Tabellenblatt „Gehaltstabelle".

4.3.2 Kopieren Sie die Formel der Zelle E4 für alle Mitarbeiter in die Zellen von E5 bis E92.

4.3.3 Ermitteln Sie in der Zelle B94 mittels der Funktion ANZAHL2 die Anzahl der Mitarbeiter, indem Sie von Excel die Anzahl der Nachnamen berechnen lassen.

4.3.4 Ermitteln Sie in der Zelle E95 mittels der Funktion MITTELWERT das Durchschnittsgehalt der MIKO-Mitarbeiter am Standort Hannover.

4.3.5 Ermitteln Sie in der Zelle H4 die Häufigkeit der Entgeltgruppen mithilfe der Funktion ZÄHLENWENN. Kopieren Sie Ihre Formel in die Zellen H5 bis H15.

4.3.6 Ermitteln Sie in der Zelle I4 die Gehaltssumme der jeweiligen Entgeltgruppen mithilfe der Funktion SUMMEWENN. Kopieren Sie Ihre Formel in die Zellen I5 bis I15.

4.3.7 Ermitteln Sie in den Zellen H17 bzw. I17 die Summe der Anzahl der Entgeltstufen (muss der Anzahl der Mitarbeiter entsprechen) bzw. die Summe der Gehälter am Standort Hannover insgesamt.

4.3.8 Verändern Sie die Überschrift in Zelle A1 und wählen Sie eine aussagekräftigere Überschrift. Formatieren Sie die Überschrift in Arial, 11pt und fett.

Aufgabe 4: Auswertungen Personalabteilung

4.4 Bearbeiten der Daten und Stellungnahme – Tabellenblatt „K-Tage"

4.4.1 Ermitteln Sie in der Zelle F4 mithilfe der Funktion SUMMEWENN die Anzahl der Krankheitstage für jeden Wochentag im Jahr 2011.

4.4.2 Kopieren Sie Ihre Formel aus der Zelle F4 für die anderen Wochentage in die Zellen F5 bis F9.

4.4.3 Bilden Sie in den Zellen F10 und G10 die jeweilige Summe der Krankheitstage in 2011 sowie in 2010.

4.4.4 Ermitteln Sie in den Zellen F11 und G11 den jeweiligen Durchschnitt der Krankheitstage in 2011 sowie in 2010. Formatieren Sie diese Ergebnisse als Zahl mit 2 Nachkommastellen.

4.4.5 Berechnen Sie in der Zelle H4 die prozentuale Veränderung der Krankheitstage je Wochentag von 2010 auf 2011 (im Vergleich zu den Krankheitstagen in 2010). Kopieren Sie Ihre Formel in die Zellen H5 bis H9. Formatieren Sie die Ergebnisse dieser Formeln in Prozent mit 2 Nachkommastellen.

4.4.6 Ermitteln Sie prozentuale Veränderung ebenfalls für die Veränderung der Summe sowie für die Veränderung des Durchschnittswertes (in den Zellen H10 sowie H11).

4.4.7 Ermitteln Sie in den Zellen J4 bzw. K4, wie viele Tage jeder Mitarbeiter in den Jahren 2011 bzw. 2010 durchschnittlich krank gemeldet war.

4.4.8 Ermitteln Sie in der Zelle L4 die prozentuale Veränderung dieses Durchschnittswertes (bezogen auf das Jahr 2010).

4.4.9 Herr Rappolt, Ihr Abteilungsleiter, hat Sie gebeten zu seiner Vermutung Stellung zu nehmen, dass die durchschnittliche Zahl der Krankheitstage in 2011 im Vergleich zu 2010 maßgeblich gestiegen ist. Er ist der Ansicht, dass dieser – von ihm vermutete – Anstieg vor allem durch eine deutlich höhere Mitarbeiterzahl in 2011 (im Vergleich zu 2010) zustande kommt.

4.5 Bearbeitung der Daten – Tabellenblatt „Betriebszugehörigkeit"

4.5.1 Ergänzen Sie vor Spalte E eine zusätzliche Spalte mit der Überschrift „Eintrittsjahr". Ermitteln Sie mittels der Funktion JAHR dieses Eintrittsjahr in der Zelle E4. Formatieren Sie die Zelle so, dass das Jahr vierstellig (für Sabrina Albers also 1998) angezeigt wird.

4.5.2 Kopieren Sie die Formel einschließlich der korrekten Formatierung in Spalte E für alle Mitarbeiter.

4.5.3 Fügen Sie unter der Überschrift zwei zusätzliche Zeilen ein. Verändern Sie die Überschrift wie in Anlage 4 vorgegeben. Die Zelle B2 soll fett umrandet werden.

4.5.4 Erweitern Sie die bestehende Tabelle – wie in Anlage 4 (am Ende der Aufgabe 4) vorgegeben – um eine weitere Spalte mit der Überschrift „Betriebszugehörigkeit in vollen Jahren". Die Spaltenbreite H beträgt 17,00. Achten Sie auf den vorgegebenen Zeilenumbruch in Zelle H5.

4.5.5 Ermitteln Sie in der Zelle H6 mithilfe der Funktion ABRUNDEN die Betriebszugehörigkeit in vollen Jahren zum 30.06.2012 (angefangene Jahre werden abgerundet).

4.5.6 Kopieren Sie Ihre Formel für alle Mitarbeiter in die Zellen H7 bis H94.

Aufgabe 4: Auswertungen Personalabteilung

4.6 Seitenlayout und Druck

Hinweis: Es werden nur bestimmte Tabellenblätter ausgedruckt.

4.6.1 Alle auszudruckenden Seiten erhalten oben, links und rechts einen Seitenrand von 1,00 cm, unten wird der Seitenrand auf 2,00 cm eingestellt.

4.6.2 Bereiten Sie folgende Tabellenblätter für den Ausdruck vor:

- „Geburtstagsliste" im A4-Hochformat angepasst auf 1 Seite breit und 2 Seiten hoch. Die Zeilen 1 – 3 sollen als Wiederholungszeilen eingestellt werden.

- „K-Tage 2011" auf einer Seite im A4-Querformat, wobei nur der Zellbereich E1 bis L25 als Druckbereich festgelegt wird. Achten Sie darauf, dass Ihr Textfeld in diesem Druckbereich angeordnet ist. Verschieben Sie die Überschrift aus Zelle A1 in die Zelle E1, so dass sie oben links auf Ihrem Ausdruck zu sehen ist.

4.6.3 Die Tabellenblätter „Geburtstagsliste", „Gehaltsauswertung", „K-Tage 2011" sowie „Betriebszugehörigkeit" sind jeweils einmal zu kopieren. Die Tabellenblatt-Kopien sind für den Ausdruck in der Formelansicht mit Gitternetzlinien sowie Zeilen- und Spaltenüberschriften für den Druck vorzubereiten.

4.6.4 Drucken Sie alle vorbereiteten Tabellenblätter – in der Prüfung erst nach Anweisung der Prüfungsaufsicht – aus.

Aufgabe 4: Auswertungen Personalabteilung

Anlage 1

	A	B	C	D	E	F	G	H	I
1	Personalstamm Hannover								
2									
3	Personal-Nummer	Name	Vorname	Geburts-datum	Vor- und Nachname	Monat Geburtstag	Tag Geburtstag	Datum in 2012	Wochentag 2012
4	10359	Albers	Sabrina	05.07.1981					
5	12017	Amboss	Wiebke	26.05.1968					
6	11546	Becker	Ullrich	20.04.1973					
7	12833	Bertram	Christina	12.06.1985					
8	11964	Bocchacio	Julian	14.12.1985					
9	10639	Bockmann	Herma	19.10.1959					
10	10889	Brelle	Jan-Hendrick	10.10.1956					

Anlage 2

	A	B	C	D	E	F	G	H	I
1	Personalstamm Hannover								
2									
3	Personal-Nummer	Name	Vorname	Entgelt-stufe	Höhe Gehalt		Entgelt-stufe	Häufigkeit	Gehalts-summe
4	10359	Albers	Sabrina	6			1		
5	12017	Amboss	Wiebke	6			2		
6	11546	Becker	Ullrich	6			3		
7	12833	Bertram	Christina	8			4		
8	11964	Bocchacio	Julian	7			5		
9	10639	Bockmann	Herma	10			6		
10	10889	Brelle	Jan-Hendrick	12			7		
11	10457	Brückner	René	9			8		
12	10813	Buchner	Nicola	6			9		
13	10039	Burmeister	Hannah	6			10		
14	10431	Christensen	Peter	7			11		
15	12963	Clausen	Jan	6			12		
16	11328	Dreesen	Julius	7					
17	11695	Drexel	Elias	5			Gesamt		
18	10097	Drösemeyer	Frank	5					
19	10524	Droste	Paul	6					

Anlage 3

	D	E	F	G	H	I	J	K	L
1									
2									
3		Wochentag	Krankheits-tage 2011	Krankheits-tage 2010	Prozentuale Veränderung		Durchschnitt KT pro MA 2011	Durchschnitt KT pro MA 2010	Prozentuale Veränderung
4		Montag		132					
5		Dienstag		98					
6		Mittwoch		92					
7		Donnerstag		83					
8		Freitag		164			Anz. Mitarbeiter 2011	Anz. Mitarbeiter 2010	
9		Samstag		153					
10		Summe					89	87	
11		Durchschnitt							
12							KT = Krankheitstage		
13							MA = Mitarbeiter		
14									

Aufgabe 4: Auswertungen Personalabteilung

Anlage 4

	A	B	C	D	E	F	G	H
1	Betriebszugehörigkeit Personal Standort Hannover							
2	bis zum	30.06.2012						
3								
4								
5	Personal-Nummer	Name	Vorname	Eintrittsdatum	Eintrittsjahr	Befristung ja/nein	Befristet bis	Betriebszugehörigkeit in vollen Jahren
6	10359	Albers	Sabrina	15.11.1998	1998	nein		
7	12017	Amboss	Wiebke	01.06.2011	2011	ja	31.05.2013	
8	11546	Becker	Ullrich	01.06.2003	2003	nein		
9	12833	Bertram	Christina	01.01.2012	2012	ja	31.12.2014	
10	11964	Bocchacio	Julian	12.09.2009	2009	nein		
11	10639	Bockmann	Herma	01.06.2002	2002	nein		

Aufgabe 5: Kosten- und Umsatzentwicklung

Aufgabe 5: Kosten- und Umsatzentwicklung

Situation:

Sie sind in der Zentralen Verwaltung der MIKO Tier- und Gartenbedarf GmbH als Assistent/in der Geschäftsführung eingesetzt.

Sie erhalten aus der Filiale Wilhelmshaven eine Kosten- und Umsatz-Tabelle, die Sie für Ihren Vorgesetzten auswerten sollen. Ihre Geschäftsleitung vermutet, dass die Umsatzrendite zusammen mit dem gesunkenen Umsatz in den letzten 2 Jahren ebenfalls deutlich zurückgegangen ist. Der Niederlassungsleiter der Filiale Wilhelmshaven sagt hingegen, dass die Umsatzrendite im letzten Jahr sogar sehr hoch gewesen sei.

5.1 Vorbereiten der Daten

Öffnen Sie mit Ihrem Tabellenkalkulationsprogramm die Datei „MIKO Umsatz Kosten.xlsx".

	A	B	C	D	E	F
1	Umsatz und Kostenentwicklung in den Jahren 2007 bis 2011					
2						
3		2007	2008	2009	2010	2011
4	Umsatz inkl. 19% Ust	10.394.294,00 €	11.043.921,00 €	11.940.342,00 €	10.940.394,00 €	9.830.493,00 €
5	Umsatz netto					
6	**Umsatz in Mio. Euro**					
7	Kosten inkl. 19% USt	6.304.943,00 €	7.229.394,00 €	7.694.024,00 €	6.193.940,00 €	5.904.348,00 €
8	Kosten ink. 7% USt	1.985.629,00 €	1.920.591,00 €	1.929.109,00 €	2.139.205,00 €	1.002.395,00 €
9	Kosten inkl. 0% USt	832.305,00 €	925.059,00 €	1.005.195,00 €	1.720.590,00 €	832.955,00 €
10	Kosten gesamt netto					
11	**Kosten in Mio. Euro**					
12	Gewinn					
13	**Gewinn in Tsd. Euro**					
14	Umsatzrendite					

Speichern Sie diese Datei unter der Bezeichnung „Auswertung Filiale Wilhelmshaven".

5.1.1 Benennen Sie das vorhandene Tabellenblatt um in „2007-2011".

5.1.2 Zentrieren Sie die Überschrift über der gesamten Tabelle, indem Sie die Zellen A1 bis F1 verbinden.

5.1.3 Fügen Sie in der Fußzeile im rechten Abschnitt Ihren Namen ein.

Aufgabe 5: Kosten- und Umsatzentwicklung

5.2 Bearbeiten der Daten

Hinweis: Alle Berechnungen sind formelgesteuert so vorzunehmen, dass alle Formeln kopierfähig sind.

5.2.1 Ermitteln Sie den Nettoumsatz für das Jahr 2007 in der Zelle B5 und kopieren Sie Ihre Formel in die Zellen C5 bis F5.

5.2.2 Ermitteln Sie in der Zelle B10 die Netto-Gesamtkosten für 2007 und kopieren Sie Ihre Formel in die Zellen C10 bis F10.

5.2.3 Ermitteln Sie in der Zeile 12 den Gewinn für die Jahre 2007 bis 2011.

5.2.4 Um die hohen Euro-Werte übersichtlicher darzustellen, sollen in den Zeilen 6 und 11 der Umsatz bzw. die Kosten in „Mio. EUR" mit 2 Nachkommastellen ausgegeben werden. Erstellen Sie ein entsprechendes Zahlenformat.

5.2.5 Der Gewinn in der Zeile 13 soll in einem Format „TEUR" dargestellt werden.

5.2.6 Ermitteln Sie in der Zeile 14 die Umsatzrendite für die Jahre 2007 bis 2011. Formatieren Sie Ihre Ergebnisse im Prozentformat mit 2 Nachkommastellen.

5.3 Darstellung statistischer Daten

5.3.1 Erstellen Sie ein 3D-Säulendiagramm, welches die Entwicklung der Umsätze und Kosten in den Jahren 2007 bis 2011 grafisch veranschaulicht. Das Diagramm ist unter der bearbeiteten Tabelle zu platzieren. Geben Sie dem Diagramm eine aussagekräftige Überschrift.

5.3.2 Auf der X-Achse sollen die Jahreszahlen angezeigt werden. Die Y-Achse soll im Format „Mio. EUR" ohne Nachkommastellen dargestellt werden.

5.3.3 Der Maximum-Wert der Y-Achse soll 15 Mio. EUR, der Minimum-Wert 0 Mio. EUR betragen. Die Werte auf der Y-Achse sollen in Abständen von 3 Mio. EUR angezeigt werden. Das Hauptgitternetz der Größenachse ist auszublenden.

5.3.4 Erstellen Sie unter dem Säulendiagramm in der gleichen Größe ein Liniendiagramm mit Datenpunkten, welches die Entwicklung des Gewinns in TEUR veranschaulicht.

5.3.5 Die Größenachse soll in „TEUR" ohne Nachkommastellen formatiert werden.

5.3.6 Blenden Sie die Hauptgitternetzlinien des Diagramms aus.

5.3.7 Löschen Sie die Legende der einzigen Datenreihe und geben Sie dem Diagramm eine aussagekräftige Überschrift.

Aufgabe 5: Kosten- und Umsatzentwicklung

5.4 Stellungnahme

5.4.1 Fügen Sie unter den beiden Diagrammen ein Textfeld ein.

5.4.2 Nehmen Sie Stellung zu der Vermutung Ihrer Geschäftsleitung bzw. zu der Aussage des Niederlassungsleiters aus Wilhelmshaven. Formulieren Sie in vollständigen Sätzen, nicht stichwortartig. Achten Sie auf eine gute Ausdrucksweise und übersichtliche Darstellung.

5.5 Seitenlayout und Druck

5.5.1 Ordnen Sie alle Aufgabenteile übersichtlich auf dem Tabellenblatt an, so dass dieses angepasst auf eine A4-Seite im Hochformat ausgedruckt werden kann. Der Ausdruck soll ohne Gitternetzlinien sowie Zeilen- und Spaltenüberschriften erfolgen.

5.5.2 Kopieren Sie das Tabellenblatt einmal und stellen Sie in der Kopie die Formelansicht ein. Die Formelansicht soll im A4-Querformat mit Gitternetzlinien sowie Zeilen- und Spaltenüberschriften ausgedruckt werden. Die Diagramme sind in der Formelansicht nicht mit auszudrucken.

5.5.3 Drucken Sie beide Tabellenblätter – in der Prüfung erst nach Anweisung der Prüfungsaufsicht – aus.

Aufgabe 6: Preiskalkulation

Aufgabe 6: Preiskalkulation

Situation:

Sie sind in der Zentralen Verwaltung der MIKO Tier- und Gartenbedarf GmbH tätig und unter anderem für die Kalkulation der Handelsartikel im Garten-Bereich zuständig.

Für den Artikel 2205 soll der Verkaufspreis überprüft werden. Ihre Chefin, Frau Rita Hohlmuth, ist der Meinung, dass der Verkaufspreis nicht durch die Kosten gedeckt ist. Da die Preise für den Ladenverkauf kalkuliert werden, werden bei MIKO weder Kundenskonto noch Kundenrabatt kalkuliert.

Anschließend soll für den Artikel 2116 der aktuelle Listeneinkaufspreis überprüft werden. Der Verkaufspreis kann laut Wettbewerb nicht weiter gesenkt werden. Der zuständige Einkäufer soll den Einkaufspreis nachverhandeln. Sie ermitteln nach Vorgaben den SOLL-Einkaufspreis.

6.1 Vorbereiten der Daten – Anlage 1

Öffnen Sie mit Ihrem Tabellenkalkulationsprogramm die Datei „MIKO Artikel Garten.xlsx".

	A	B	C	D	E	F
1	Einkaufs- und Verkaufspreise					
2						
3	Artikel-Nr.	Bezeichnung	Mengeneinheit	Einkaufspreis in EUR	Verkaufspreis in EUR	Warengruppe
4	2005	Scherenset "Basic"	Set à 5 St.	7,78	13,98	Geräte
5	2006	Scherenset "Professionell"	Set à 10 St.	16,05	24,98	Geräte
6	2009	Rasenmäher Benzin "Brain"	St.	549	789,9	Geräte
7	2011	Pflanzschaufel "Lissy"	St.	7,78	13,89	Geräte
8	2012	Kleingrubber "Bernie"	St.	5,32	9,89	Geräte
9	2013	Unkrautstecher Edelstahl	St.	2,87	4,49	Geräte
10	2014	Schaufel "Holstein"	St.	6,24	15,89	Geräte
11	2017	Gärtnerspaten "Britta"	St.	17,25	39,89	Geräte
12	2029	Harke "Landlust"	St.	2,35	9,89	Geräte
13	2032	Naturkalk	5 kg-Sack	4,83	9,9	Dünger
14	2036	Gartenstuhl "Baltrum"	St.	29,24	49,9	Gartenmöbel
15	2078	Volldünger blau	10 kg-Sack	6,3	10,5	Dünger
16	2103	Blumenerde Gartenprofi	25-Liter-Sack	0,53	1,99	Erde
17	2104	Pflanzenerde Gartenprofi	25-Liter-Sack	0,33	1,49	Erde
18	2105	Blumenerde Gartenprofi	50-Liter-Sack	0,89	3,69	Erde
19	2108	Aussaaterde	20-Liter-Sack	1,59	5,99	Erde
20	2111	Kräuter-Erde	20-Liter-Sack	1,24	5,49	Erde
21	2116	Gewächshaus "Blue Moon"	St.	320,89	499,9	Gewächshäuser
22	2140	Urgesteinsmehl	5 kg-Sack	3,66	9,9	Dünger
23	2143	Torfhumus	10 kg-Sack	8,79	16,89	Dünger
24	2160	Gartenmöbelgruppe "Sylt"	Set	369	629	Gartenmöbel
25	2204	Blumendünger flüssig	1-Liter-Flasche	0,21	1,19	Dünger
26	2205	Rasendünger Standard	8 kg-Sack	6,56	15,99	Dünger
27	2208	Rasendünger Bio	5 kg-Sack	5,24	18,99	Dünger
28	2212	Gartendünger Bio	10 kg-Sack	7,23	19,99	Dünger
29	2215	Hornspäne klein	1 kg-Sack	1,59	4,99	Dünger
30	2216	Hornspäne mittel	5 kg-Sack	3,93	14,99	Dünger
31	2217	Hornspäne groß	15 kg-Sack	8,76	26,99	Dünger
32	2231	Reiniger Gewächshausglas	1 Liter-Flasche	2,85	5,99	Gewächshäuser

Lagerbestand \ **Preise** / Kalkulation

Speichern Sie diese Datei unter der Bezeichnung „Preiskalkulation". Sie benötigen die Tabellenblätter „Preise" und „Kalkulation".

Aufgabe 6: Preiskalkulation

6.1.1 Kopieren Sie das Tabellenblatt „Kalkulation". Benennen Sie das zusätzliche Tabellenblatt in „Kalkulation Art. 2205" um. Das zusätzliche Tabellenblatt soll am Ende der Registerblätter stehen. Die folgenden Bearbeitungsschritte werden im Tabellenblatt „Kalkulation Art. 2205" durchgeführt.

6.1.2 Fügen Sie unterhalb der Überschrift 12 Zeilen ein. Die Spaltenbezeichnungen „Eingabe" und „Ergebnis" stehen nun in der Zeile 15.

6.1.3 Übernehmen Sie positionsgerecht alle Informationen und Formatierungen aus der Anlage 1 (am Ende der Aufgabe 6).

6.1.4 Fügen Sie im Tabellenblatt „Kalkulation Art. 2205" in der Fußzeile im rechten Abschnitt Ihren Namen ein. Im linken Abschnitt soll automatisch der Dateiname angezeigt werden und im mittleren Abschnitt der Name des Tabellenregisterblattes.

6.2 Bearbeiten der Daten – Anlage 1 (Vorwärtskalkulation)

Hinweis: Alle Formeln sind mit Zellbezug zu erstellen.

6.2.1 Ermitteln Sie in der Zelle B4 für den Artikel 2205 mithilfe der Funktion SVERWEIS die Artikelbezeichnung. Beziehen Sie sich dabei auf das Tabellenblatt „Preise"; dort steht die Artikelbezeichnung in Spalte B.

6.2.2 Ermitteln Sie in der Zelle B5 für den Artikel 2205 mithilfe der Funktion SVERWEIS die Mengeneinheit. Beziehen Sie sich dabei auf das Tabellenblatt „Preise"; dort steht die Artikelbezeichnung in Spalte C.

6.2.3 Ermitteln Sie in der Zelle B17 mithilfe der Funktion SVERWEIS den Listeneinkaufspreis für den Artikel erneut mit Bezug auf das Tabellenblatt „Preise".

6.2.4 Ermitteln Sie in der Zelle C18 den Listeneinkaufspreis (für die Gesamtmenge).

6.2.5 Bestimmen Sie in Zelle B19 mithilfe der WENN-Funktion den Rabattsatz für die Bestellmenge in Abhängigkeit von der Bestellmenge in Zelle B16 (Menge = 1.600 Säcke à 8 kg).

6.2.6 Kalkulieren Sie in der Spalte C vorwärts bis zu den Selbstkosten.

6.2.7 Ermitteln Sie in der Zelle B12 die Selbstkosten pro Mengeneinheit.

6.2.8 Ermitteln Sie in der Zelle B13 den Verkaufspreis mithilfe der Funktion SVERWEIS, bei der Sie sich auf das Tabellenblatt „Preise" beziehen.

6.2.9 Ersetzen Sie in Zelle B27 den Prozentsatz für den Gewinn auf 20 %. Ermitteln Sie in Zelle C27 den Gewinnzuschlag für den Artikel, wenn 20% Gewinn kalkuliert werden sollen.

6.2.10 Ermitteln Sie in Zelle C28 den Barverkaufspreis bei einem Gewinn von 20 %.

6.2.11 Kalkulieren Sie in Spalte C vorwärts, wenn zusätzlich 2 % mögliches Kundenskonto sowie 5 % möglicher Kundenrabatt einkalkuliert werden sollen. Ermitteln Sie in Zelle C32 den Listenverkaufspreis für die Gesamtmenge sowie in Zelle C33 den Listenverkaufspreis pro Mengeneinheit, den MIKO bei diesen Konditionen mindestens ansetzen muss.

Aufgabe 6: Preiskalkulation

6.2.12 Formatieren Sie alle Euro-Werte im Format Währung (€) und alle Prozentwerte mit dem Prozentzeichen und zwei Nachkommastellen.

6.3 Vorbereiten der Daten – Anlage 2 (Rückwärtskalkulation)

6.3.1 Kopieren Sie das Tabellenblatt „Kalkulation" erneut. Benennen Sie das zusätzliche Tabellenblatt in „Kalkulation Art. 2116" um. Das zusätzliche Tabellenblatt soll am Ende der Registerblätter stehen. Die folgenden Bearbeitungsschritte werden im Tabellenblatt „Kalkulation Art. 2116" durchgeführt.

6.3.2 Fügen Sie unterhalb der Überschrift 4 Zeilen ein. Die Spaltenbezeichnungen „Eingabe" und „Ergebnis" stehen nun in der Zeile 7.

6.3.3 Übernehmen Sie positionsgerecht alle Informationen und Formatierungen aus der Anlage 2a (am Ende der Aufgabe 6).

6.3.4 Fügen Sie im Tabellenblatt „Kalkulation Art. 2116" in der Fußzeile im rechten Abschnitt Ihren Namen ein. Im linken Abschnitt soll automatisch der Dateiname angezeigt werden und im mittleren Abschnitt der Name des Tabellenregisterblattes.

6.4 Bearbeiten der Daten – Anlage 2 (Rückwärtskalkulation)

6.4.1 Ermitteln Sie jeweils per SVERWEIS mit Bezug auf das Tabellenblatt „Preise" in Zelle B4 die Artikelbezeichnung, in Zelle B5 die Mengeneinheit und in Zelle C25 den Listenverkaufspreis.

6.4.2 Kalkulieren Sie rückwärts bis zum SOLL-Listeneinkaufspreis (gesamt) in Zelle C10 und ermitteln Sie den SOLL-Listeneinkaufspreis pro Einheit in Zelle C9.

6.4.3 Fügen Sie in den Spalten E und F die Angaben laut Anlage 2b (am Ende der Aufgabe 6) mit den angegebenen Formatierungen einschließlich Rahmenlinien hinzu.

6.4.4 Erweitern Sie die Breite der Spalten E und F auf 20,00.

6.4.5 Ermitteln Sie in Zelle E9 den aktuellen Listeneinkaufspreis aus dem Tabellenblatt „Preise" mittels SVERWEIS.

6.4.6 Ermitteln Sie in Zelle F9 die Differenz zwischen dem aktuellen Listeneinkaufspreis und dem SOLL-Listeneinkaufspreis.

6.4.7 Mithilfe einer bedingten Formatierung soll angezeigt werden, ob der aktuelle Listeneinkaufspreis zu niedrig oder genügend hoch ist. Die Schriftfarbe des Ergebnisses in Zelle F9 soll rot und fett dargestellt werden, wenn der aktuelle Listeneinkaufspreis zu hoch ist. Das Ergebnis soll in grüner Schrift und fett formatiert angezeigt werden, wenn der Artikel zu genügend günstigen Konditionen eingekauft wird.

6.4.8 Formatieren Sie alle Euro-Werte im Format „Währung" (€).

Aufgabe 6: Preiskalkulation

6.5 Stellungnahmen

Frau Hohlmuth bittet Sie für beide Aufgabenstellungen um eine schriftliche Stellungnahme. Formulieren Sie diese in ganzen Sätzen, nicht stichwortartig. Achten Sie auf gute Ausdrucksweise und übersichtliche Darstellung. Berücksichtigen Sie die folgenden Anweisungen.

6.5.1 Fügen Sie in beide Tabellenblätter jeweils ein Textfeld ein.

6.5.2 Beschreiben Sie (im Textfeld im Tabellenblatt „Kalkulation Art. 2205") die Situation der Kostendeckung beim Artikel 2205 und nehmen Sie Stellung zu der Vermutung von Frau Hohlmuth.

6.5.3 Beschreiben Sie (im Textfeld im Tabellenblatt „Kalkulation Art. 2116") die Einkaufssituation beim Artikel 2116. Nehmen Sie Stellung zur Höhe der Differenz von dem aktuellem zu einem wirtschaftlich günstigen Einkaufspreis. Sprechen Sie eine Empfehlung für die Verhandlungen des Einkäufers aus.

6.6 Seitenlayout und Druck

6.6.1 Verringern Sie den rechten und den linken Seitenrand in beiden Tabellenblättern auf jeweils 1,00 cm.

6.6.2 Die Tabellenblätter „Kalkulation Art. 2205" und „Kalkulation Art. 2116" sind jeweils auf einer A4-Seite im Querformat mit Gitternetzlinien sowie Zeilen- und Spaltenüberschriften für den Druck vorzubereiten. Ordnen Sie alle Aufgabenteile übersichtlich und gut lesbar an.

6.6.3 Drucken Sie die beiden Tabellenblätter – in der Prüfung erst nach Anweisung der Prüfungsaufsicht – aus.

6.6.4 Kopieren Sie anschließend diese beiden Tabellenblätter innerhalb dieser Datei und stellen Sie – in den kopierten Tabellenblättern – die Formelansicht ein. Drucken Sie diese beiden Tabellenblätter ebenfalls aus.

Aufgabe 6: Preiskalkulation

Anlage 1

	A	B	C
1	Handelskalkulation		
2			
3	Artikelnummer	2205	
4	Artikelbezeichnung		
5	Mengeneinheit		
6			
7	Rabatt Einkauf	ab Bestellmenge	Rabattsatz
8		500	5,00%
9		1500	12,00%
10		5000	18,00%
11			
12	Selbstkosten je Einheit		
13	Verkaufspreis je Einheit		
14			
15		Eingabe	Ergebnis
16	Menge	1600	
17	* Listeneinkaufspreis je Einheit		
18	= Listeneinkaufspreis (gesamt)		
19	- Rabatt		
20	= Zieleinkaufspreis		
21	- Skonto	2,00%	
22	= Bareinkaufspreis		
23	+ Bezugskosten je Einheit	0,08 €	
24	= Bezugspreis		
25	+ Handlungsgemeinkosten	55,00%	
26	= Selbstkosten		
27	+ Gewinn	0,00%	
28	= Barverkaufspreis		
29	+ Kundenskonto	0,00%	
30	= Zielverkaufspreis		
31	+ Kundenrabatt	0,00%	
32	= Listenverkaufspreis (gesamt)		
33	= Listenverkaufspreis je Einheit		

Aufgabe 6: Preiskalkulation

Anlage 2a

	A	B	C	D
1	**Handelskalkulation**			
2				
3	**Artikelnummer**	2116		
4	**Artikelbezeichnung**			
5	**Mengeneinheit**			
6				
7		Eingabe	Ergebnis	
8	Menge	5		
9	* Listeneinkaufspreis je Einheit			SOLL
10	= Listeneinkaufspreis (gesamt)			SOLL
11	- Rabatt	8,00%		
12	= Zieleinkaufspreis			
13	- Skonto	3,00%		
14	= Bareinkaufspreis			
15	+ Bezugskosten je Einheit	86,73 €		
16	= Bezugspreis			
17	+ Handlungsgemeinkosten	55,00%		
18	= Selbstkosten			
19	+ Gewinn	18,00%		
20	= Barverkaufspreis			
21	+ Kundenskonto	2,00%		
22	= Zielverkaufspreis			
23	+ Kundenrabatt	5,00%		
24	= Listenverkaufspreis (gesamt)			
25	= Listenverkaufspreis je Einheit			

Aufgabe 6: Preiskalkulation

Anlage 2b

	A	B	C	D	E	F
1	Handelskalkulation					
2						
3	Artikelnummer	2116				
4	Artikelbezeichnung					
5	Mengeneinheit					
6						
7		Eingabe	Ergebnis		Aktueller LEP	Differenz zum Soll-LEP
8	Menge	5			je Einheit	je Einheit
9	* Listeneinkaufspreis je Einheit			SOLL		
10	= Listeneinkaufspreis (gesamt)			SOLL		
11	- Rabatt	8,00%				
12	= Zieleinkaufspreis					
13	- Skonto	3,00%				
14	= Bareinkaufspreis					
15	+ Bezugskosten je Einheit	86,73 €				
16	= Bezugspreis					
17	+ Handlungsgemeinkosten	55,00%				
18	= Selbstkosten					
19	+ Gewinn	18,00%				
20	= Barverkaufspreis					
21	+ Kundenskonto	2,00%				
22	= Zielverkaufspreis					
23	+ Kundenrabatt	5,00%				
24	= Listenverkaufspreis (gesamt)					
25	= Listenverkaufspreis je Einheit					

Aufgabe 7: Büro- und Verkaufsflächen

Aufgabe 7: Büro- und Verkaufsflächen

Situation:

Sie sind in der Zentralen Verwaltung der MIKO Tier- und Gartenbedarf GmbH als Sachbearbeiter/in eingesetzt. Sie sind unter anderem für die laufenden Mietverträge aller Filialen zuständig.

Die Geschäftsführung wünscht eine Auswertung der Miet- und Nebenkosten.

Man vermutet insbesondere, dass die Mietkosten für Verkaufs- und Lagerflächen im Süden mit Abstand am höchsten sind. Im Osten vermutet man die niedrigsten Quadratmeterpreise für die angemieteten Verkaufs- und Lagerflächen.

Des Weiteren hat man im laufenden Jahr scheinbar sehr viel höhere Nebenkosten (Wasser, Energie, Reinigungskosten) zu verzeichnen als im letzten Jahr. Die Geschäftsführung möchte wissen, um wie viel Prozent die Nebenkosten im Vergleich zum Jahr 2011 angestiegen sind. Die Filialen im Norden und Süden klagen am meisten über den Anstieg der Kosten. Sie werden aufgefordert, die tatsächlichen Kosten auszuwerten.

7.1 Vorbereiten der Daten

Öffnen Sie mit Ihrem Tabellenkalkulationsprogramm die Datei „MIKO Filialen und Außendienst.xlsx".

	A	B	C	D	E	F	G	H
1	Flächenangaben							
2								
3	Filiale	Region	Verkaufsfläche in m² Laden	Verkaufsfläche in m² Außenbereich	Bürofläche in m²	Bürofläche Zentrale Verwaltung in m²	Verkaufslager in m²	Zentrales Lager in m²
4	Berlin	Ost	820	640	180		500	
5	Bonn	West	600	780	150		400	
6	Bremen	Nord	500	450	120		660	
7	Bremerhaven	Nord	450	600	160		320	
8	Dessau	Ost	400	350	100		300	
9	Dortmund	West	650	750	220		500	
10	Dresden	Ost	450	500	180		480	
11	Erfurt	Ost	500	820	175		390	
12	Essen	West	500	430	190		400	
13	Freising	Süd	600	750	160		320	
14	Hamburg Altona	Nord	750	840	250		630	
15	Hamburg Eppendorf	Nord	800	730	220		680	
16	Hannover Altwarmbüchen	Nord	700	650	320		700	
17	Hannover Laatzen	Nord	1100	700	250	420	400	2400
18	Kassel	West	600	350	140		320	
19	Kiel	Nord	550	480	120		290	
20	Köln	West	650	370	180		540	
21	München	Süd	1050	800	270		800	
22	Nürnberg	Süd	650	460	220		450	
23	Osnabrück	West	500	400	140		380	
24	Passau	Süd	550	460	150		260	
25	Wilhelmshaven	Nord	600	400	120		350	

Speichern Sie diese Datei unter der Bezeichnung „Auswertung Mietflächen". Sie benötigen die Tabellenblätter „Fläche" und „Miete".

Aufgabe 7: Büro- und Verkaufsflächen

7.1.1 Löschen Sie das Tabellenblatt „Außendienst".

7.1.2 Wechseln Sie in das Tabellenblatt „Fläche" und fügen Sie unter der Überschrift 8 Zeilen ein. Die Zwischenüberschrift „Filiale" steht nun in Zelle A11. Erweitern Sie die Spalte A auf die Breite 41,00. Ergänzen Sie die in Anlage 1 (am Ende der Aufgabe 7) abgebildete Tabelle mit den vorgegebenen Rahmenlinien.

7.1.3 Ergänzen Sie außerdem im Tabellenblatt „Fläche" in den Spalten I und J in der Zeile 11 die Überschriften „Gesamtfläche Verkauf und Lager" sowie „Gesamtfläche Büro" (lt. Anlage 2 am Ende der Aufgabe 7).

7.1.4 Ergänzen Sie im Tabellenblatt „Miete" die Spalten E bis G gemäß Anlage 3 (am Ende der Aufgabe 7). Achten Sie auf die Ausrichtung des Textes ebenso wie auf die vorgegebenen Zeilenumbrüche. Verwenden Sie auch die angegebene Rahmenlinie.

7.1.5 Benennen Sie das Tabellenblatt „Abteilungen" um in „Nebenkosten". Löschen Sie die Spalten F bis I vollständig und löschen Sie die Inhalte der Spalten C bis E. Erweitern Sie die Spaltenbreite der Spalten C bis E auf jeweils 20.

7.1.6 Erfassen Sie im Tabellenblatt „Nebenkosten" die in Anlage 4 (am Ende der Aufgabe 7) abgebildeten durchschnittlichen monatlichen Nebenkosten in den Spalten C und E.

7.1.7 Ersetzen Sie die Überschrift in der Zelle A1 durch eine zum neuen Inhalt passende.

7.1.8 Fügen Sie in allen Tabellenblättern in der Fußzeile im linken Abschnitt Ihren Namen ein.

7.2 Bearbeiten der Daten

Hinweis: Alle Berechnungen sind formelgesteuert so vorzunehmen, dass alle Formeln kopierfähig sind.

Sie arbeiten zunächst im Tabellenblatt „Fläche".

7.2.1 Ermitteln Sie in den Spalten I und J die Gesamtflächen für Verkauf und Lager (Spalte I) sowie die Gesamtfläche Büro (Spalte J) für die jeweilige Filiale.

7.2.2 Lassen Sie sämtliche Quadratmeter-Werte mit einem benutzerdefinierten Format so darstellen, dass hinter jeder Zahl ein Leerzeichen und dann „m²" angezeigt wird (z.B. 180 m²).

7.2.3 Sortieren Sie in einem Sortiervorgang die Tabelle zuerst absteigend nach der Gesamtfläche Verkauf und Lager und anschließend absteigend nach der Gesamtfläche Büro.

Aufgabe 7: Büro- und Verkaufsflächen

Wechseln Sie in das Tabellenblatt „Miete".

7.2.4 Ermitteln Sie in der Spalte E unter Verwendung der Funktion SVERWEIS die Miete für alle Verkaufs- und Lagerflächen. Beziehen Sie sich dabei auf das Tabellenblatt „Fläche".

7.2.5 Ermitteln Sie in der Spalte F unter Verwendung der Funktion SVERWEIS die Miete für alle Büroflächen mit Bezug auf das Tabellenblatt „Fläche".

7.2.6 Berechnen Sie die Gesamtmiete in der Spalte G.

7.2.7 Lassen Sie unter Verwendung einer bedingten Formatierung in den Zellen C4 bis D25 Quadratmeterpreise ab 10,00 Euro in roter Schrift, Quadratmeterpreise zwischen 7,00 und 9,99 Euro in orangefarbener Schrift und Preise unter 7,00 Euro in grüner Schrift anzeigen.

Sie arbeiten nun im Tabellenblatt „Nebenkosten".

7.2.8 Berechnen Sie in der Spalte D die Wasser- und Energiekosten mithilfe der Funktion SVERWEIS und mit Bezug auf das Tabellenblatt „Miete".

7.2.9 Formatieren Sie alle Euro-Werte in diesem Tabellenblatt im Währungsformat (€).

Sie wechseln erneut in das Tabellenblatt „Fläche".

7.2.10 Ermitteln Sie in der Zeile 3 mithilfe der Funktion ZÄHLENWENN die Anzahl der Filialen pro Region.

7.2.11 Ermitteln Sie in der Zeile 4 mithilfe der Funktion SUMMEWENN die Summe der gemieteten Verkaufs- und Lagerflächen in jeder Region.

7.2.12 Lassen Sie in der Zeile 5 berechnen, wie viele Quadratmeter in jeder Region die Verkaufs- und Lagerflächen durchschnittlich pro Filiale haben.

7.2.13 Berechnen Sie in der Zeile 6 unter Verwendung der Funktion SUMMEWENN mit Bezug auf das Tabellenblatt „Miete" den Mietaufwand für die Verkaufs- und Lagerflächen jeder Region.

7.2.14 Ermitteln Sie in der Zeile 7 für jede Region den durchschnittlichen Quadratmeterpreis bei Verkaufs- und Lagerflächen.

7.2.15 Ermitteln Sie in der Zeile 8 die gesamten Nebenkosten einer jeden Region, dazu gehören Wasser- und Energiekosten ebenso wie die Reinigungskosten für die Filialen. Verwenden Sie die SUMMEWENN-Funktion mit Bezug auf das Tabellenblatt „Nebenkosten".

7.2.16 Fügen Sie ein neues Tabellenblatt „Nebenkosten 2011" ein und stellen Sie dieses Tabellenblatt ans Ende. Geben Sie die folgende Tabelle ein:

	A	B	C	D	E
1		Nord	West	Ost	Süd
2	Nebenkosten je Region in Euro 2012				
3	Nebenkosten je Region in Euro 2011	39.545,00 €	24.187,00 €	15.985,00 €	19.802,00 €
4	Prozentuale Veränderung				

Aufgabe 7: Büro- und Verkaufsflächen

7.2.17 Übernehmen Sie mit Bezug auf das Tabellenblatt „Fläche" die Nebenkosten Ihrer Auswertung in der Zeile 8. Formatieren Sie die acht Euro-Werte im „€"-Format.

7.2.18 Berechnen Sie in den vorgesehenen Zellen die prozentuale Veränderung der Nebenkosten von 2011 auf 2012 in jeder Region. Formatieren Sie Ihre Ergebnisse in Prozent mit 2 Nachkommastellen.

7.3 Stellungnahme

Hinweis: Formulieren Sie in vollständigen Sätzen, nicht stichwortartig. Achten Sie auf eine gute Ausdrucksweise und übersichtliche Darstellung.

7.3.1 Fügen Sie im Tabellenblatt „Fläche" rechts neben Ihren Auswertungen der oberen Tabelle (Zeilen 2 bis 8) ein Textfeld ein.

7.3.2 Nehmen Sie Stellung zur Vermutung der Geschäftsleitung, dass die Mietkosten für Verkaufs- und Lagerflächen wahrscheinlich im Süden mit Abstand am höchsten und im Osten am niedrigsten sind.

7.3.3 Nennen Sie zwei mögliche Gründe für hohe Mieten.

7.3.4 Fügen Sie im Tabellenblatt „Nebenkosten 2011" unter Ihrer Tabelle ein Textfeld ein.

7.3.5 Nehmen Sie Stellung, inwiefern die Filialen im Norden und Süden sich begründet über deutlich höhere Steigerungen der Nebenkosten beklagen als die Filialen im Osten und Westen.

7.4 Seitenlayout und Druck

7.4.1 Ordnen Sie alle Aufgabenteile in allen vier Tabellenblättern übersichtlich an.

7.4.2 Richten Sie die Seitenränder so ein, dass oben, links und rechts jeweils 1 cm Seitenrand vorgesehen ist. Unten sehen Sie 2 cm Seitenabstand vor, die Fußzeile hat einen Abstand von 0,8 cm zum Seitenrand.

7.4.3 Alle Tabellenblätter sind auf jeweils einer A4-Seite im Querformat mit Gitternetzlinien sowie Zeilen- und Spaltenüberschriften für den Druck vorzubereiten.

7.4.4 Drucken Sie alle vier Tabellenblätter – in der Prüfung erst nach Anweisung der Prüfungsaufsicht – aus.

7.4.5 Drucken Sie Ihre Tabellenblätter außerdem mit Formelansicht (im Querformat) aus.

Aufgabe 7: Büro- und Verkaufsflächen

Anlage 1

	A	B	C	D	E
1	Flächenangaben				
2		Nord	West	Ost	Süd
3	Anzahl der Filialen pro Region				
4	Verkaufsfläche und Lagerfläche in m²				
5	Durchschn. VK- und Lagerfläche pro Filiale				
6	Mietaufwand VK- und Lagerfläche in Euro				
7	Miete je m² Verkaufs- und Lagerfläche				
8	Nebenkosten je Region in Euro				

Anlage 2

	A	B	C	D	E	F	G	H	I	J
	Filiale	Region	Verkaufs-fläche in m² Laden	Verkaufs-fläche in m² Außenbereich	Bürofläche in m²	Bürofläche Zentrale Verwaltung in m²	Verkaufs-lager in m²	Zentrales Lager in m²	Gesamt-fläche Verkauf und Lager	Gesamt-fläche Büro
11										
12	Berlin	Ost	820	640	180		500			
13	Bonn	West	600	780	150		400			
14	Bremen	Nord	500	450	120		660			
15	Bremerhaven	Nord	450	600	160		320			
16	Dessau	Ost	400	350	100		300			

Anlage 3

	A	B	C	D	E	F	G
1	Miete						
2							
3	Filiale	Region	Miete pro m² Verkaufsfläche und Lager in EUR	Miete pro m² Bürofläche in EUR	Miete Verkauf und Lager	Miete Büro	Miete gesamt
4	Berlin	Ost	11,8	14,2			
5	Bonn	West	9,2	8,7			
6	Bremen	Nord	6,5	6,5			
7	Bremerhaven	Nord	7,2	7,2			
8	Dessau	Ost	6,0	7,5			
9	Dortmund	West	6,8	8,6			
10	Dresden	Ost	9,5	9,5			
11	Erfurt	Ost	6,2	6,2			
12	Essen	West	9,5	10,8			
13	Freising	Süd	8,2	9,9			
14	Hamburg Altona	Nord	10,0	12,5			
15	Hamburg Eppendorf	Nord	9,5	14,0			
16	Hannover Altwarmbüchen	Nord	8,0	8,0			
17	Hannover Laatzen	Nord	8,6	10,2			
18	Kassel	West	7,6	9,8			
19	Kiel	Nord	6,5	9,0			
20	Köln	West	8,5	11,0			
21	München	Süd	11,0	15,8			
22	Nürnberg	Süd	6,8	9,8			
23	Osnabrück	West	7,2	8,8			
24	Passau	Süd	6,8	9,0			
25	Wilhelmshaven	Nord	5,5	7,5			

Aufgabe 7: Büro- und Verkaufsflächen

Anlage 4

	A	B	C	D	E
1					
2					
3	Filiale	Region	Wasser/Energie in % der Miete	Wasser/Energie in EUR	Reinigung in EUR
4	Berlin	Ost	20%		1.254,00 €
5	Bonn	West	24%		936,00 €
6	Bremen	Nord	26%		822,00 €
7	Bremerhaven	Nord	19%		925,00 €
8	Dessau	Ost	22%		755,00 €
9	Dortmund	West	22%		1.025,00 €
10	Dresden	Ost	21%		1.009,00 €
11	Erfurt	Ost	25%		988,00 €
12	Essen	West	24%		875,00 €
13	Freising	Süd	27%		1.290,00 €
14	Hamburg Altona	Nord	21%		1.105,00 €
15	Hamburg Eppendorf	Nord	22%		1.423,00 €
16	Hannover Altwarmbüchen	Nord	25%		1.532,00 €
17	Hannover Laatzen	Nord	26%		1.953,00 €
18	Kassel	West	28%		972,00 €
19	Kiel	Nord	18%		1.033,00 €
20	Köln	West	20%		1.234,00 €
21	München	Süd	22%		1.820,00 €
22	Nürnberg	Süd	24%		1.205,00 €
23	Osnabrück	West	29%		1.005,00 €
24	Passau	Süd	21%		954,00 €
25	Wilhelmshaven	Nord	22%		790,00 €
26					

Fläche / Miete / **Nebenkosten**

Aufgabe 8: Lagercontrolling

Aufgabe 8: Lagercontrolling

Situation:
Sie sind in der Zentralen Verwaltung der MIKO Tier- und Gartenbedarf GmbH als Sachbearbeiter/in im Controlling eingesetzt. Sie werden beauftragt, die Lagerbestände in der Holzabteilung des Unternehmens zu analysieren.

8.1 Vorbereiten der Daten

Öffnen Sie mit Ihrem Tabellenkalkulationsprogramm die Datei „MIKO Lagerkartei Holz.xlsx".

	A	B	C	D	E	F	G
1	Lagerbestände						
2							
3	Artikelnummer	9231		Mindestbestand	500	Arbeitstage pro Jahr	285
4	Artikelbezeichnung	Holzschrauben 6mm		Höchstbestand	10000	Jahresbedarf	
5	Verpackungseinheit	Paket	50 Schrauben	Meldebestand		Tagesbedarf	
6	Einstandspreis		12,24 €	Jahreszinssatz	8,00%		
7	Bestellfixe Kosten		40,00 €	Lieferzeit in Tagen	6		
8							
9							
10	Datum	Monat	Zugänge	Abgänge	Bestand	Meldung	
11	01.01.2011				5000		
12	09.01.2011			950			
13	23.01.2011			650			
14	12.02.2011			1700			
15	05.03.2011			1000			
16	06.04.2011		10000				
17	12.05.2011			1300			
18	17.05.2011			1500			
19	30.05.2011			1950			
20	28.07.2011			1000			
21	19.09.2011			1700			
22	23.09.2011			2000			
23	28.09.2011		10000				
24	23.10.2011			2000			
25	03.11.2011			3250			
26	16.12.2011			1100			
27	23.12.2011			2000			

Tabellenblätter: Lagerbestände / Monatsbestände

Speichern Sie diese Datei unter der Bezeichnung „Lagerkartei 9231 Holzschrauben 6mm".

8.1.1 Kopieren Sie das Tabellenblatt „Monatsbestände" und benennen Sie Ihre Kopie um in „Kennziffern Opt. Bestellmenge". Ändern Sie die Überschrift in Zelle A1 in „Lagerkennziffern und Optimale Bestellmenge".

8.1.2 Stellen Sie dieses Tabellenblatt ans Ende.

8.1.3 Löschen Sie darin die Zeilen 10 bis 24.

Aufgabe 8: Lagercontrolling

8.1.4 Erfassen Sie ab Zeile 10 die Tabelle gemäß Anlage 1 (am Ende der Aufgabe 8). Übernehmen Sie alle vorgegebenen Formatierungen und Rahmenlinien. Die Schriftart ist Arial in der Schriftgröße 11pt. Die Zeilenhöhe der Zeilen 10 bis 13 beträgt 28,50.

8.1.5 Erfassen Sie ab Zeile 16 die Angaben aus der Anlage 2 (am Ende der Aufgabe 8). Übernehmen Sie hier ebenfalls alle Formatierungen und Rahmenlinien. Die Höhe der Zeilen 16 und 17 beträgt erneut 28,50. Die Höhe der Zeile 19 beträgt 45,00.

8.1.6 Fügen Sie ein zusätzliches leeres Tabellenblatt ein und benennen Sie es mit „Grafik Opt. Bestellmenge".

8.1.7 Fügen Sie in allen Tabellenblättern in der Fußzeile im linken Abschnitt Ihren Namen ein. Im mittleren Abschnitt soll der Name des Tabellenblattes und im rechten Abschnitt der Dateiname angezeigt werden.

8.2 Bearbeiten der Daten

Hinweis: Alle Berechnungen sind formelgesteuert so vorzunehmen, dass alle Formeln kopierfähig sind.

Sie befinden sich im Tabellenblatt „Lagerbestände". Die folgenden Bearbeitungen sind in diesem Tabellenblatt vorzunehmen.

8.2.1 Ermitteln Sie in der unteren Tabelle in der Spalte B mithilfe der Funktion MONAT den Bestellmonat und lassen Sie ihn als Standardzahl ohne Nachkommastellen ausgeben.

8.2.2 Ermitteln Sie in der unteren Tabelle in der Spalte E den jeweiligen Lagerbestand für den Artikel 9231.

8.2.3 Ermitteln Sie in den Zellen G4 und G5 den Jahres- sowie den Tagesbedarf für diesen Artikel. Verwenden Sie die Formel RUNDEN, um den Tagesbedarf kaufmännisch auf ganze Zahlen runden zu lassen.

8.2.4 Berechnen Sie in der Zelle E5 den Meldebestand für diesen Artikel. Mithilfe der Funktion AUFRUNDEN ergänzen Sie Ihre Formel, so dass der Meldebestand immer auf die nächste ganze Zahl gerundet wird.

8.2.5 Lassen Sie in der unteren Tabelle in der Spalte F mithilfe der WENN-Funktion eine Meldung ausgeben, die den Text „Neue Ware bestellen!" enthält, wenn der Meldebestand erreicht oder unterschritten ist und den Text „Höchstbestand überschritten!", wenn dies passiert ist. Trifft keiner dieser beiden Tatbestände zu, bleibt das Feld leer.

8.2.6 Mithilfe einer bedingten Formatierung lassen Sie die Schrift rot anzeigen, wenn aufgrund des Formelergebnisses die Meldung „Höchstbestand überschritten!" eingeblendet wird.

Aufgabe 8: Lagercontrolling

Wechseln Sie in das Tabellenblatt „Monatsbestände".

8.2.7 Lassen Sie in der Zelle D11 den Jahresanfangsbestand mittels Bezug auf die entsprechende Zelle im Tabellenblatt „Lagerbestände" anzeigen.

8.2.8 Ermitteln Sie in der Spalte C unter Verwendung der Funktion SUMMEWENN den jeweiligen monatlichen Verbrauch mit Bezug auf das Tabellenblatt „Lagerbestände".

8.2.9 Ermitteln Sie in der Spalte D mithilfe der Funktion SVERWEIS unter Bezug auf das Tabellenblatt „Lagerbestände" den jeweiligen Monatsendbestand.

Wechseln Sie in das Tabellenblatt „Kennziffern Opt. Bestellmenge".

8.2.10 Berechnen Sie in der Zelle C10 den durchschnittlichen Lagerbestand für den Artikel 9231 mit Bezug auf die 12 Monatsendbestände im nebenstehenden Tabellenblatt. Verwenden Sie zusätzlich die Funktion RUNDEN, um das Ergebnis kaufmännisch auf eine ganze Zahl zu runden.

8.2.11 Ermitteln Sie in der Zelle C11 die Umschlagshäufigkeit. Ergänzen Sie Ihre Formel mit der Funktion RUNDEN, um das Ergebnis mit 2 Nachkommastellen kaufmännisch runden zu lassen.

8.2.12 Ermitteln Sie in der Zelle C12 die durchschnittliche Lagerdauer für den Artikel. Lassen Sie Ihr Ergebnis mithilfe der Funktion RUNDEN auf eine ganze Zahl runden.

8.2.13 Ermitteln Sie in der Zelle C13 den Lagerzinssatz für den Artikel. Das Ergebnis soll im Prozentformat mit 2 Nachkommastellen angezeigt werden.

8.2.14 Ermitteln Sie in der Zelle B20 die Bestellhäufigkeit für nebenstehende Bestellmenge. Die Bestellhäufigkeit soll immer auf die nächste ganze Zahl aufgerundet werden. Kopieren Sie Ihre Formel in die Zellen B21 bis B39.

8.2.15 Berechnen Sie im Zellbereich C20 bis C39 den durchschnittlichen Lagerbestand für die jeweilige Bestellmenge.

8.2.16 Ermitteln Sie in der Spalte D die Bestellkosten.

8.2.17 Ermitteln Sie in der Spalte E die Lagerkosten.

8.2.18 Ermitteln Sie in der Spalte F die Gesamtkosten.

8.2.19 Heben Sie im Zellbereich F20 bis F39 mittels bedingter Formatierung den kleinsten Wert hervor, indem Sie den Hintergrund grün und die Schrift weiß und fett formatiert anzeigen lassen.

8.2.20 Berechnen Sie in der Zelle F16 den kleinsten Wert, der sich bei den Gesamtkosten ergibt und lassen Sie ihn im Währungsformat (€) darstellen.

8.2.21 Lassen Sie in der Spalte G unter Verwendung der WENN-Funktion in Kombination mit der Funktion MIN in der entsprechenden Zeile die Menge anzeigen, die die optimale Bestellmenge ist. Die anderen Felder sollen leer bleiben.

8.2.22 Lassen Sie die optimale Bestellmenge außerdem in der Zelle F17 mithilfe der Funktion MAX ausgeben. Der Wert wird als Standardzahl formatiert.

Aufgabe 8: Lagercontrolling

8.3 Darstellung statistischer Daten

8.3.1 Erstellen Sie ein Liniendiagramm mit Datenpunkten, welches Kostenentwicklung der Bestellkosten, der Lagerkosten und der Gesamtkosten in Abhängigkeit der Bestellmenge übersichtlich darstellt. Platzieren Sie Ihre Grafik im vorgesehenen Tabellenblatt.

8.3.2 Lassen Sie die Legende unter dem Diagramm anzeigen. Geben Sie dem Diagramm eine aussagekräftige Überschrift.

8.3.3 Verändern Sie die Ausrichtung der X-Achse auf 45°. Lassen Sie als Titel der Rubrikenachse das Wort „Bestellmenge" anzeigen.

8.3.4 Lassen Sie alle Datenreihen mit schwarzen Linien und mit unterschiedlichen Datenpunkt-Symbolen anzeigen, so dass sich die Datenreihen beim Ausdruck in schwarz-weiß deutlich unterscheiden.

8.3.5 Lassen Sie am niedrigsten Datenpunkt den Wert anzeigen und formatieren Sie die Zahl im Währungsformat (€) in großer Schrift.

8.4 Seitenlayout und Druck

8.4.1 Alle Tabellenblätter sind auf einer A4-Seite im Querformat mit Gitternetzlinien sowie Zeilen- und Spaltenüberschriften für den Druck vorzubereiten. Ordnen Sie alle Aufgabenteile übersichtlich und gut lesbar an.

8.4.2 Verändern Sie den oberen, linken und rechten Seitenrand auf 1 cm. Der untere Seitenrand soll 2 cm betragen, der Abstand der Fußzeile 0,8 cm.

8.4.3 Drucken Sie die Tabellenblätter – in der Prüfung erst nach Anweisung der Prüfungsaufsicht – aus.

8.4.4 Drucken Sie alle Tabellenblätter „Lagerbestände", „Monatsbestände" sowie „Kennziffern Opt. Bestellmenge" außerdem in der Formelansicht aus.

Aufgabe 8: Lagercontrolling

Anlage 1

	A	B	C	D	E
1	**Lagerkennziffern und Optimale Bestellmenge**				
2					
3	Artikelnummer	9231		Mindestbestand	500
4	Artikelbezeichnung	Holzschrauben 6mm		Höchstbestand	10000
5	Verpackungseinheit	Paket	50 Schrauben	Meldebestand	
6	Einstandspreis		12,24 €	Jahreszinssatz	8,00%
7	Bestellfixe Kosten		40,00 €	Lieferzeit in Tagen	6
8					
9					
10	Durchschnittlicher Lagerbestand				
11	Umschlagshäufigkeit				
12	Durchschnittliche Lagerdauer				
13	Lagerzinsatz				
14					
15					

Anlage 2

	A	B	C	D	E	F	G
14							
15							
16	Optimale Bestellmenge			Minimale Gesamtkosten (Lager- und bestellfixe Kosten)			
17				Optimale Bestellmenge			
18							
19	Bestellmenge	Bestellhäufigkeit	Durchschnittlicher Lagerbestand	Bestellkosten	Lagerkosten	Gesamtkosten	Optimale Bestellmenge
20	500						
21	1000						
22	1500						
23	2000						
24	2500						
25	3000						
26	3500						
27	4000						
28	4500						
29	5000						
30	5500						
31	6000						
32	6500						
33	7000						
34	7500						
35	8000						
36	8500						
37	9000						
38	9500						
39	10000						
40							

Almut Harder

Bürokaufmann/Bürokauffrau Kaufmann/Kauffrau für Bürokommunikation

Prüfungstrainer zur praktischen Prüfung Informationsverarbeitung, Excel 2010

Übungsaufgaben und erläuterte Lösungen

Lösungs- und Erläuterungsteil

Bestell-Nr. 2199

U-Form Verlag · Hermann Ullrich (GmbH & Co) KG

Deine Meinung ist uns wichtig!

Du hast Fragen, Anregungen oder Kritik zu diesem Produkt?

Das U-Form Team steht dir gerne Rede und Antwort.

Direkt auf

Facebook.com/Pruefungscheck

fragen, diskutieren, stöbern und weiteres Wichtige und Wissenswerte rund um Ausbildung erfahren

oder einfach eine kurze E-Mail an

feedback@u-form.de

Bitte beachten Sie:

Zu diesem Prüfungstrainer gehören auch noch ein Aufgabenteil und Dateien zum Download unter: *www.u-form.de/addons/2199.zip*

Sollte es für diesen Prüfungstrainer Änderungen oder Korrekturen geben, so können diese unter *www.u-form.de/addons/2199-1.zip* heruntergeladen werden. Ist die Seite nicht verfügbar, so sind keine Änderungen eingestellt.

COPYRIGHT

U-Form Verlag, Hermann Ullrich (GmbH & Co) KG
Cronenberger Straße 58 · 42651 Solingen
Telefon 0212 22207-0 · Telefax 0212 208963
Internet: www.u-form.de · E-Mail: uform@u-form.de

Alle Rechte liegen beim Verlag bzw. sind der Verwertungsgesellschaft Wort, Goethestraße 49, 80336 München, Telefon 089 514120, zur treuhänderischen Wahrnehmung überlassen. Damit ist jegliche Verbreitung und Vervielfältigung dieses Werkes – durch welches Medium auch immer – untersagt.

1. Auflage 2013 · ISBN 978-3-95532-199-4

Inhaltsverzeichnis

Lösungen

Aufgabe 1:	Vertriebszahlen Aquaristik	7 – 17
Aufgabe 2:	Vertriebszahlen Außendienst	18 – 35
Aufgabe 3:	Ausbildungsplätze	36 – 50
Aufgabe 4:	Auswertungen Personalabteilung	51 – 66
Aufgabe 5:	Kosten- und Umsatzentwicklung	67 – 74
Aufgabe 6:	Preiskalkulation	75 – 85
Aufgabe 7:	Büro- und Verkaufsflächen	86 – 93
Aufgabe 8:	Lagercontrolling	94 – 104

Ihre Notizen

Lösungen

Die fertigen Lösungsdateien können Sie
unter folgendem Link herunterladen:

www.u-form.de/addons/2199.zip

Ihre Notizen

Lösung Aufgabe 1: Vertriebszahlen Aquaristik

1.1 Vorbereiten der Daten

1.1.1 Ergänzen Sie in der Tabelle „Hersteller Golden" die Spalten H bis K gemäß Anlage 1. Übernehmen Sie auch die Formatierungen (Schriftgröße 11, Schriftart Arial) einschließlich der Zeilenumbrüche und Rahmenlinien.

Die Aufgabenstellung besagt, dass Sie in einem bestehenden Tabellenblatt vorgegebene Angaben ergänzen sollen. Achten Sie auf die rechtsbündige Formatierung der Überschriften und Zwischenüberschriften.

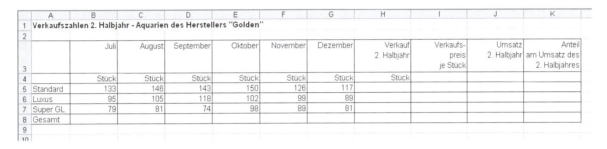

Um die Zeilenumbrüche innerhalb der Zellen H3 bis K3 genau wie vorgegeben zu erreichen, verwenden Sie die Tastenkombination „ALT+Return"[1] – und zwar an der Stelle Ihrer Eingabe, an der Sie den Umbruch erzeugen möchten:

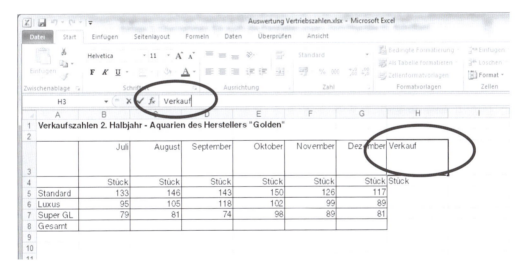

---

[1] Die Return-Taste kennen Sie möglicherweise auch unter der Bezeichnung „Enter-Taste" oder „Eingabe-Taste". Alle drei Begriffe bezeichnen dieselbe Taste auf Ihrer Tastatur.

Lösung Aufgabe 1: Vertriebszahlen Aquaristik

Die Rahmenlinien erzeugen Sie, indem Sie den Bereich H3 bis K8 markieren und anschließend in der Symbolleiste das Zeichen für „Rahmen" aufrufen und innerhalb der Auswahl „Alle Rahmenlinien" anklicken:

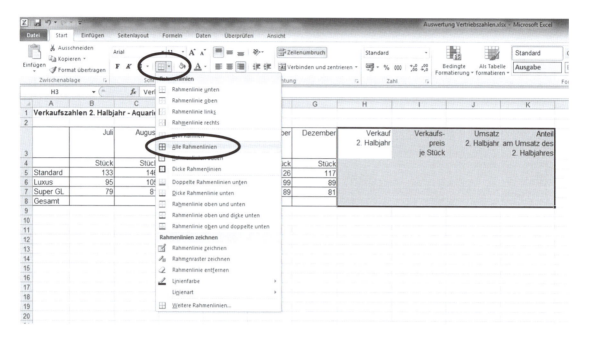

1.1.2 Fügen Sie in den beiden Tabellenblättern „Hersteller Golden" sowie „Umsatzentwicklung" in der Fußzeile im rechten Abschnitt Ihren Namen ein. Im linken Abschnitt soll der Dateiname und im mittleren Abschnitt die jeweilige Tabellenregisterbezeichnung erscheinen.

Dieser Aufgabenteil kommt in jeder Prüfung vor, damit auf Ihren Ausdrucken später Ihr Name erscheint. In der Prüfung ist zusätzlich Ihre Prüflingsnummer einzutragen. Es gibt mehrere Möglichkeiten, die Kopf- und Fußzeile aufzurufen. Zum Beispiel gehen Sie in den Menüpunkt „Einfügen" und wählen in der Befehlsgruppe „Text" das Symbol „Kopf- und Fußzeile" aus. Sie können dann in der neuen Ansicht in die entsprechenden Bereiche hineinklicken und schreiben.

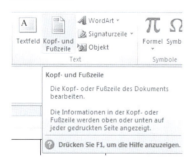

Lösung Aufgabe 1: Vertriebszahlen Aquaristik

Oder Sie wählen den Menüpunkt „Seitenlayout" und führen Sie die Maustaste auf die Ecke rechts unter dem Befehl „Drucktitel". Von hier aus können Sie das Dialogfenster „Seite einrichten" aufrufen.

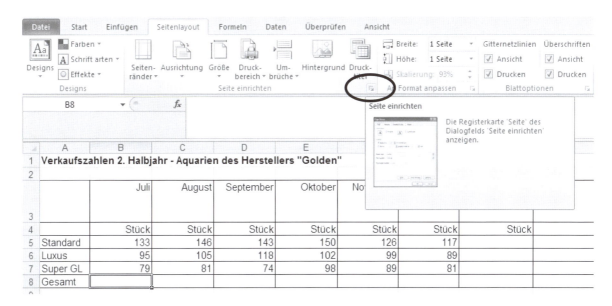

Beachten Sie, dass die Kopf- bzw. Fußzeile immer nur im markierten Tabellenregisterblatt[2] eingefügt wird. Möchten Sie dies – um Zeit zu sparen – in einem Schritt in mehreren Tabellenblättern gleichzeitig erledigen, müssen diese Tabellenblätter vorher alle markiert sein.

Mehrere Tabellenblätter markieren Sie mithilfe der STRG-Taste. Sie befinden sich aktuell im Tabellenblatt „Hersteller Golden". Dieses ist dann bereits markiert. Drücken Sie nun die STRG-Taste und halten Sie diese gedrückt, während Sie mit der Maus das andere Tabellenblatt „Umsatzentwicklung" anklicken. Nun sind beide Registerblätter weiß hinterlegt und alle Anpassungen, die Sie vornehmen, werden in beiden Tabellenblättern geändert, so auch Ihre Eingaben in die Fußzeile. Rufen Sie nun also den Befehl „Kopf- und Fußzeile" wie oben beschrieben auf. Anschließend klicken Sie auf die Schaltfläche „Benutzerdefinierte Fußzeile…".

Im Dialogfenster „Fußzeile" wählen Sie im linken Abschnitt das Symbol für den Dateinamen (Sie klicken auf das Symbol mit dem grünen Excel-X), für den mittleren Abschnitt das Symbol für das Tabellenregisterblatt und im rechten Abschnitt tippen Sie Ihren Namen ein. Bestätigen Sie anschließend die beiden Dialog-Fenster „Fußzeile" sowie „Seite einrichten" mit OK.

Um die Markierung mehrerer Tabellenblätter wieder aufzuheben klicken Sie auf ein nicht markiertes Tabellenblatt, in dieser Datei wäre das das Tabellenblatt „Preise".

---

[2] Die Begriffe „Tabellenregisterblatt" oder auch nur „Tabellenblatt" oder „Tabellenregister" oder „Blattregister" bezeichnen die Register einer Excel-Datei. Beim Öffnen einer neuen Datei werden Ihnen drei Register angezeigt „Tabelle1", „Tabelle2" und „Tabelle3". Diese können gelöscht, umbenannt und kopiert werden. Sie können außerdem weitere Tabellenblätter hinzufügen.

Lösung Aufgabe 1: Vertriebszahlen Aquaristik

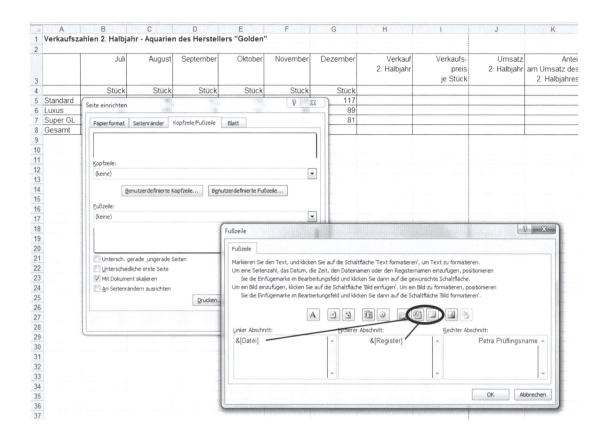

Lösung Aufgabe 1: Vertriebszahlen Aquaristik

1.2 Bearbeiten der Daten

1.2.1 Ermitteln Sie in der Zelle B8 die Summe der Verkaufszahlen aller drei Produkte für den Monat Juli. Kopieren Sie Ihre Formel in die Zellen C8 bis G8, um die Summen für die übrigen Monate des 2. Halbjahres zu berechnen.

Wichtig ist, dass Sie Ihren Cursor in diejenige Zelle (hier B8) setzen, in der die Formel eingegeben werden soll. Die Formel für die Zelle B8 lautet:

=SUMME(B5:B7)

Sie können diese Formel entweder manuell in die Zelle B8 eintippen oder das Symbol „Auto-Summe" in der Symbolleiste Standard verwenden:

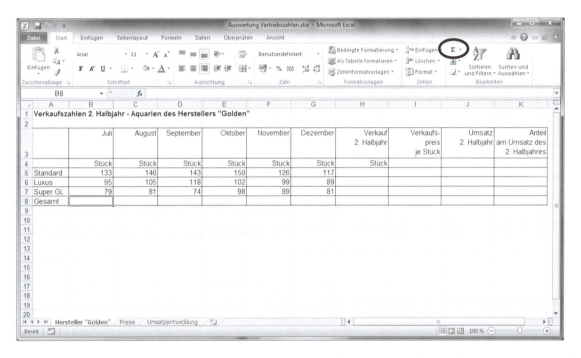

Den Bereich (von Zelle B5 bis Zelle B7) schlägt Excel Ihnen vor, weil es sich um einen Bereich von mehreren Zahlen handelt. Häufig können Sie den von Excel vorgeschlagenen Bereich verwenden, in anderen Fällen muss der Bereich jedoch auch von Ihnen manuell angepasst werden.

Der Doppelpunkt innerhalb der Klammern der Summenformel bezeichnet einen Zellbereich „von" – „bis".

Das Kopieren der Formel können Sie (neben der klassischen Möglichkeit des Kopierens & Einfügens wie in anderen Office-Anwendungen) in Excel zeitsparend durchführen, indem Sie – zusammen mit der zu kopierenden Zelle (B8) – die Zellen markieren, in denen die Formel eingefügt werden soll, also die Zellen von B8 bis G8. Dann verwenden Sie die Tastenkombination „STRG+R".

Wenn Sie gern mit der Maus arbeiten, können Sie alternativ das Ausfüllkästchen (das kleine schwarze Kästchen in der rechten unteren Ecke der Markierung) verwenden: Wenn Sie auf das Ausfüllkästchen zeigen, nimmt der Mauszeiger die Form eines schwarzen Kreuzes an und Sie können per Drag & Drop den Inhalt (hier: die Formel) der Zelle B8 in die nebenstehenden Zellen ziehen.

Lösung Aufgabe 1: Vertriebszahlen Aquaristik

1.2.2 Ermitteln Sie in der Spalte H die Verkaufszahlen für das 2. Halbjahr.

Ebenso wie die Summe vertikal gebildet werden kann, können Sie auch horizontale Zellbereiche für eine Summe angeben. In der Zelle H5 lautet die Formel:

=SUMME(B5:G5)

Diese Formel kopieren Sie nun in die darunter stehenden Zellen H6 bis H8. Verwenden Sie zum Beispiel die Tastenkombination „STRG+U", nachdem Sie den Zellbereich einschließlich der zu kopierenden Zelle markiert haben (hier: H5 bis H8).

1.2.3 Übernehmen Sie in Zellen I5 bis I7 die Einzelpreise der drei Produkte mit Bezug auf die entsprechenden Zellen in dem Tabellenregisterblatt „Preise".

Die Aufgabenstellung schreibt vor, aus den Zellen I5 bis I7 heraus jeweils einen Bezug zu einer Zelle im Tabellenblatt „Preise" herzustellen.

Klicken Sie dazu zunächst in die Zelle I5. Tippen Sie das Gleichheitszeichen ein (Ihr Cursor blinkt am Ende des Gleichheitszeichens). Nun klicken Sie auf das Tabellenregister „Preise" und direkt danach auf die Zelle B4, in welcher der Preis für das Aquarium „Standard" steht. In der Bearbeitungszeile wird die Formel

=Preise!B4

angezeigt. Um diese Bezugsformel abzuschließen, drücken Sie die Return-Taste. Sie befinden sich dann wieder im ursprünglichen Tabellenblatt „Hersteller Golden".

Die so erzeugte Formel kann im Tabellenblatt „Hersteller Golden" in die darunter stehenden Zellen kopiert werden.

Lösung Aufgabe 1: Vertriebszahlen Aquaristik

1.2.4 Ermitteln Sie in der Spalte J in den vorgegebenen Zellen den jeweiligen Umsatz für das 2. Halbjahr des jeweiligen Produkts. In der Zelle J8 lassen Sie den Gesamtumsatz für das 2. Halbjahr berechnen.

Der Umsatz ergibt sich aus der Multiplikation der verkauften Stückzahl mit dem Verkaufspreis des Produkts. In der Zelle J5 lautet Ihre Formel dementsprechend:

=H5*I5

Auch diese Formel wird in die darunter stehenden Zellen (J6 bis J7) kopiert.

In der Zelle J8 bilden Sie die Summe aus dem Zellbereich von J5 bis J7.

1.2.5 Ermitteln Sie in der Zelle K5 den prozentualen Anteil dieses Produkts am Umsatz des 2. Halbjahres. Kopieren Sie Ihre Formel in die Zellen K6 bis K8.

Der prozentuale Anteil eines jeden Produkts am Gesamtumsatz des 2. Jahres ergibt sich rechnerisch, indem der Einzelwert des jeweiligen Produktes durch den Gesamtwert geteilt wird.

Setzen Sie Ihren Cursor auf die Zelle K5 und tippen Sie das Gleichheitszeichen. Klicken Sie direkt im Anschluss auf die Zelle J5, tippen Sie das Divisionszeichen „/" und klicken Sie dann auf die Zelle J8. Damit die Formel in die darunter stehenden Zellen ohne Fehlermeldung kopiert werden kann, muss auf den Formelbestandteil J8 ein absoluter Bezug gesetzt werden. Wenn Ihr Cursor noch direkt hinter J8 in der Bearbeitungszeile steht, drücken Sie die Funktionstaste „F4". Die erste Betätigung dieser Taste setzt die Dollar-Zeichen vor den Buchstaben sowie vor die Zahl des angegebenen Bezugs. Alternativ können die Dollar-Zeichen manuell in die Formeln eingefügt werden. Ihre Formel in der Zelle K5 lautet nun:

=J5/$J$8

Erst jetzt bestätigen Sie Ihre Formel mit der Return-Taste.

Eventuell wundern Sie sich darüber, dass Sie in der Formel nicht (wie im Dreisatz) mal 100 rechnen lassen. Dies übernimmt in Excel jedoch die Prozentformatierung und erfolgt gemäß Aufgabenstellung daher erst im folgenden Schritt (siehe unter 1.2.6).

Die Formel kann nun (noch ohne Prozentformatierung) in die darunter stehenden Zellen K6 bis K8 kopiert werden. In der Zelle K8 ergibt sich der Wert 1.

1.2.6 Formatieren Sie die prozentualen Anteile im Zahlenformat „Prozent" mit 2 Nachkommastellen.

Markieren Sie die Zellen K5 bis K8. Gehen Sie im Menü „Start" zur Befehlsgruppe „Zahl". Wenn Sie den Mauszeiger auf die Ecke unten rechts legen, erscheint der Befehl für das Dialogfenster „Zellen formatieren".

Lösung Aufgabe 1: Vertriebszahlen Aquaristik

Das Dialogfenster „Zellen formatieren" öffnet sich. Wählen Sie die Registerkarte „Zahlen" und im linken Bereich unter „Kategorie" wählen Sie „Prozent". Im rechten Bereich können Sie die Anzahl der Nachkommastellen (Dezimalstellen) auswählen.

Alternativ zum Weg über das Menü können Sie den Befehl „Zellen formatieren" aus dem Kontextmenü[3] auswählen.

1.2.7 Ermitteln Sie in der Zelle D6 mit Bezug auf die Werte im Tabellenblatt „Hersteller Golden" den Umsatz für das 3. Quartal und kopieren Sie Ihre Formel in die Zellen D7 und D8. Ermitteln Sie ebenso die Umsätze für das 4. Quartal.

Sie haben in das Tabellenblatt „Umsatzentwicklung" gewechselt.

Wie unter Punkt 1.2.3 sollen in dieser Aufgabe Bezüge verwendet werden. Diese werden hier jedoch nicht allein in einer Zelle stehen (wie in 1.2.3), sondern innerhalb einer Formel eingesetzt.

Klicken Sie in die Zelle D6, tippen Sie das Gleichheitszeichen und direkt dahinter den Funktionsnamen „summe" (Groß- und Kleinschreibung ist nicht zu beachten). Direkt hinter dem Wort „Summe" tippen Sie ohne Leerzeichen eine öffnende Klammer.

Um den zu summierenden Bereich auszuwählen, sollen Sie nun einen Bezug zum Tabellenblatt „Hersteller Golden" herstellen. Klicken Sie daher im Rahmen Ihrer angefangenen Formel auf dieses Tabellenblatt. Innerhalb dieses Tabellenblatts markieren Sie die Zellen B5 bis D5, um die Umsatzzahlen der drei Monate des 3. Quartals auszuwählen. Tippen Sie zum Abschluss Ihrer Formel eine schließende Klammer. In der Bearbeitungszeile steht nun:

=SUMME('Hersteller „Golden"'!B5:D5)

Mit der Return-Taste bestätigen Sie Ihre Formel und Sie befinden sich wieder im Tabellenblatt „Umsatzentwicklung". Die Formel können Sie nun ohne weiteres in die Zellen D7 bis D8 kopieren.

Für das 4. Quartal lautet Ihre Formel in der Zelle E6:

=SUMME('Hersteller „Golden"'!E5:G5)

Ihre Formel-Ergebnisse in den Zellen D6 bis E8 sind folgende:

	A	B	C	D	E
1	Verkaufszahlen 1. - 4. Quartal - Aquarien des Herstellers				
2					
3		Verkaufszahlen			
4		1. Quartal	2. Quartal	3. Quartal	4. Quartal
5		Stück	Stück	Stück	Stück
6	Standard	312	375	422	393
7	Luxus	254	305	318	290
8	Super GL	45	113	234	268
9					

---

[3] Als Kontextmenü bezeichnet man das Menü, das Sie mit einem Rechtsklick auf eine bestimmte Markierung oder an einer bestimmten Stelle innerhalb einer Datei erzeugen. Den gewünschten Befehl aus dieser Liste wählen Sie danach mit einem „normalen" einfachen Linksklick aus.

Lösung Aufgabe 1: Vertriebszahlen Aquaristik

1.2.8 Ermitteln Sie in der Zelle G6 die prozentuale Veränderung vom 1. zum 2. Quartal (im Vergleich zum 1. Quartal) für das Aquarium „Standard". Ermitteln Sie die prozentualen Veränderungen für die übrigen Produkte ebenso wie für die übrigen Quartale des abgeschlossenen Jahres. Formatieren Sie die Zellen in Prozent mit 2 Nachkommastellen.

Um die prozentuale Veränderung vom 1. auf das 2. Quartal zu ermitteln, berechnen Sie, um wie viel Prozent sich die Stückzahl des Aquariums „Standard" von 312 auf 375 erhöht hat.

Ihre Formel in der Zelle G6 lautet:

=(C6-B6)/B6

Bei einer prozentualen Veränderung beziehen Sie sich immer auf den früheren (älteren) Wert, wenn dies in der Aufgabe nicht explizit anders angegeben ist. Sie berechnen also die Differenz zwischen den beiden Werten (immer „jüngerer Wert" minus „älterer Wert") und teilen diese Differenz anschließend durch den älteren Wert.

Diese Formel können Sie sowohl nach unten in die Zellen G7 und G8 als auch nach rechts in die anderen Zellen kopieren.

Wenn Sie nun noch die Formatierung in Prozent mit 2 Nachkommastellen vorgenommen haben (siehe Punkt 1.2.6), erhalten Sie schließlich folgende Formeln bzw. Ergebnisse:

G	H	I
Veränderungen		
1. Quartal => 2. Quartal in Prozent	2. Quartal => 3. Quartal in Prozent	3. Quartal => 4. Quartal in Prozent
=(C6-B6)/B6	=(D6-C6)/C6	=(E6-D6)/D6
=(C7-B7)/B7	=(D7-C7)/C7	=(E7-D7)/D7
=(C8-B8)/B8	=(D8-C8)/C8	=(E8-D8)/D8

G	H	I
Veränderungen		
1. Quartal => 2. Quartal in Prozent	2. Quartal => 3. Quartal in Prozent	3. Quartal => 4. Quartal in Prozent
20,19%	12,53%	-6,87%
20,08%	4,26%	-8,81%
151,11%	107,08%	14,53%

1.3 Seitenlayout und Druck

1.3.1 Die Tabellenblätter „Hersteller Golden" und „Umsatzentwicklung" sind beide auf jeweils einer A4-Seite im Querformat mit Gitternetzlinien sowie Zeilen- und Spaltenüberschriften für den Druck vorzubereiten.

Das Querformat stellen Sie ein, wenn Sie im Menü „Seitenlayout" beim Befehl „Ausrichtung" das „Querformat" auswählen. Achten Sie darauf, dass Sie alle Tabellenblätter markiert haben, in denen die Einstellung vorgenommen werden soll.

Nun rufen Sie erneut das Dialogfenster „Seite einrichten" auf. Damit alles auf einer Seite ausgedruckt wird, eignet sich die folgende Einstellung im Register „Papierformat":

Lösung Aufgabe 1: Vertriebszahlen Aquaristik

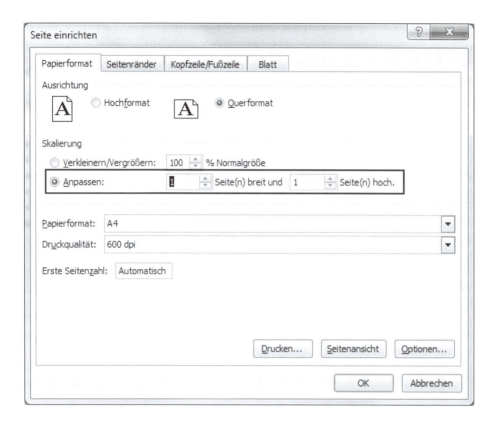

Im gleichen Dialogfenster finden Sie die Registerkarte „Blatt". Hier können Sie einstellen, dass Ihr Tabellenblatt mit Gitternetzlinien sowie mit Zeilen- und Spaltenüberschriften ausgedruckt werden soll:

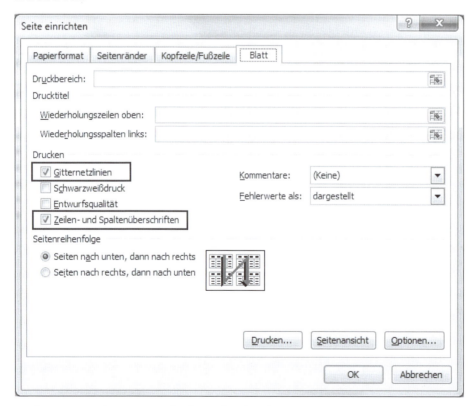

In der Registerkarte „Kopfzeile/Fußzeile" können Sie abschließend überprüfen, ob Ihre unter Punkt 1.1.2 vorgegebenen Einstellungen in allen auszudruckenden Tabellenblättern eingestellt sind.

Lösung Aufgabe 1: Vertriebszahlen Aquaristik

1.3.2 Drucken Sie die Tabellenblätter – in der Prüfung erst nach Anweisung der Prüfungsaufsicht – aus.

Prüfen Sie die Druckvorschau rechtzeitig vor dem Ende der Prüfung in der Seitenansicht (im Menü „Ansicht" auf „Seitenlayout"), so dass Sie noch Änderungen vornehmen können, bevor die Anweisung zum Drucken am Ende der Prüfungszeit erfolgt.

1.3.3 Drucken Sie beide Tabellenblätter außerdem mit Formelansicht (im Querformat) aus.

Um die Formeln anzeigen zu lassen, wählen Sie im Menü „Formeln" den Befehl „Formeln anzeigen". (Hinweis: Die angegebene Tastenkombination „Strg+#" funktioniert bisher leider in Excel 2010 nicht – hier handelt es sich um einen sog. „Bug".)

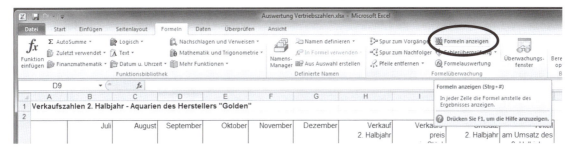

Ich empfehle Ihnen, diese Ausdrucke vor der Prüfung zu trainieren. Denn sobald Sie im Rahmen der Formelansicht Änderungen an den Spaltenbreiten vornehmen, gehen Ihnen Ihre vorherigen Einstellungen verloren. Teilweise gibt es für die Einstellung bestimmter Spaltenbreiten jedoch Punkte, wenn diese im Aufgabenteil von Ihnen verlangt werden.

Speichern Sie Ihre Datei daher immer unbedingt noch einmal, <u>bevor</u> Sie diesen Befehl ausführen. Dies hat zum Vorteil, dass Sie den Abschluss Ihrer Aufgabe vollständig gespeichert haben und zur Not die Datei nach dem Formelausdruck schließen können, <u>ohne</u> die (in der Formelansicht vorgenommenen) Änderungen zu speichern.

Öffnen Sie Ihre Datei erneut, um zu prüfen, dass Ihre Eingaben und Formatierungen korrekt abgespeichert sind.

Eine gute Alternative ist es, die als Formelansicht auszudruckenden Tabellenblätter vor dem Einstellen der Formelansicht zu kopieren. Damit haben Sie dann für den Ausdruck der Formelansicht ein zusätzliches Tabellenblatt und Sie gehen kein Risiko ein, dass in Ihrem Originaltabellenblatt – womöglich in der Aufregung aufgrund der Prüfungssituation – noch Änderungen gespeichert werden.

Lösung Aufgabe 2: Vertriebszahlen Außendienst

2.1 Vorbereiten der Daten

2.1.1 Löschen Sie die Tabellenblätter „Fläche" und „Miete".

Beim Öffnen sehen Sie unten links, dass diese Datei vier Tabellenregisterblätter enthält. Davon sollen zwei gelöscht werden.

Sie können diesen Vorgang entweder zweimal nacheinander durchführen oder Sie markieren vor dem Löschen beide Tabellenblätter mit gedrückter STRG-Taste. Ein Rechtsklick auf diese Markierung bietet Ihnen im Kontextmenü den Befehl „Löschen" an:

Alternativ können Sie markierte Tabellenblätter löschen, indem Sie im Menü „Start" in der Befehlsgruppe „Zellen" den Befehl „Löschen" / „Blatt löschen" auswählen.

Eine Warnmeldung macht Sie darauf aufmerksam, dass dieser Befehl nicht rückgängig gemacht werden kann. Sie bestätigen diese Information und löschen die beiden Tabellenregisterblätter.

2.1.2 Benennen Sie das Tabellenblatt „Abteilungen" in „Filialen" um.

Sie können ein Tabellenblatt umbenennen, indem Sie einen Doppelklick auf den Namen des Tabellenblattes durchführen. Der Name des Tabellenblattes wird nun schwarz hinterlegt und kann von Ihnen überschrieben oder verändert werden.

Alternativ verwenden Sie einen Rechtsklick und wählen im Kontextmenü den Befehl „Umbenennen". Sobald der Text schwarz markiert ist, können Sie ihn ändern.

Lösung Aufgabe 2: Vertriebszahlen Außendienst

2.1.3 Löschen Sie im Tabellenblatt „Filialen" die Spalten C bis H. Die Spalte C beinhaltet nun die Überschrift „Außendienst".

Um die Spalten zu löschen, müssen sie zuvor markiert werden. Klicken Sie auf den ersten Spaltenkopf (Buchstabe C als Spaltenüberschrift) und ziehen Sie mit gedrückter linker Maustaste bis zum Spaltenkopf der Spalte H.

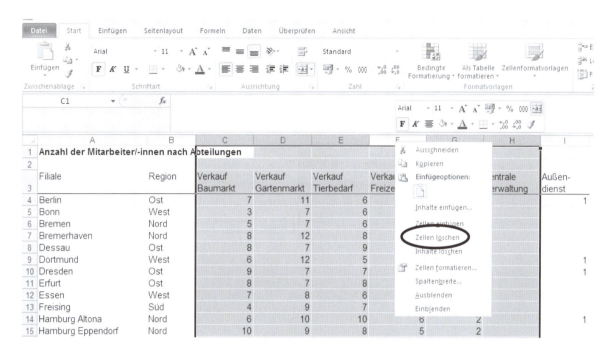

Mit einem Rechtsklick im Bereich dieser Markierung können Sie aus dem Kontextmenü den Befehl „Zellen löschen" auswählen.

Alternativ zum Rechtsklick können Sie bei bestehender Markierung auch im Menü „Start" den Befehl „Löschen" / „Zellen löschen" auswählen.

2.1.4 Fügen Sie in beiden Tabellenblättern in der Fußzeile im rechten Abschnitt Ihren Namen ein.

Eine ausführliche Anleitung finden Sie unter Lösung 1.1.2

Lösung Aufgabe 2: Vertriebszahlen Außendienst

2.1.5 Verringern Sie im Tabellenblatt „Außendienst" die Spaltenbreite der Spalten A sowie der Spalten D bis F auf die Spaltenbreite 17. Verringern Sie die Spaltenbreite der Spalte B auf 10.

Um die Spaltenbreite einer einzelnen Spalte zu verändern, müssen Sie vorher nichts markieren, sondern nur Ihren Mauszeiger an der richtigen Stelle platzieren: Führen Sie die Maus auf den rechten Rand des Spaltenkopfes der gewünschten Spalte (für Spalte A also auf die Linie zwischen den Spaltenköpfen A und B), bis Sie dort einen Mauszeiger in Form eines Doppelpfeils erhalten. Mit gedrückter linker Maustaste können Sie nun die Spaltenbreite manuell nach rechts (breiter) oder links (schmaler) ziehen.

Alternativ können Sie – wenn eine Spalte markiert ist – über das Kontextmenü den Befehl „Spaltenbreite" aufrufen.

Mehrere Spalten gleichzeitig markieren Sie in einem Schritt, indem Sie nach dem Markieren der 1. Spalte die STRG-Taste gedrückt halten. Bei gedrückter STRG-Taste klicken Sie nun auf die gewünschten übrigen Spaltenköpfe.

Wenn Ihre Markierung erstellt ist, führen Sie Ihren Mauszeiger (ohne erneut zu klicken, das würde die Markierung wieder aufheben) auf den rechten Rand eines der markierten Spaltenköpfe, bis der zuvor beschriebene Mauszeiger erscheint. Nun die linke Maustaste drücken und die gewünschte Spaltenbreite 17 (siehe Abb.) einstellen.

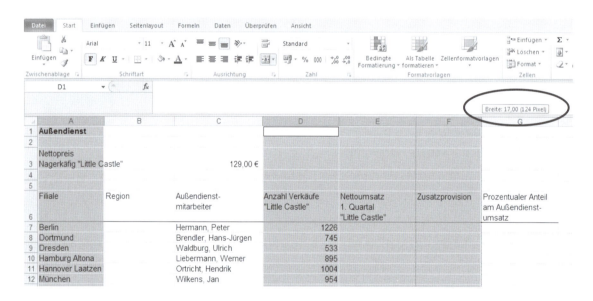

Lösung Aufgabe 2: Vertriebszahlen Außendienst

2.2 Bearbeiten der Daten

2.2.1 Sie befinden sich im Tabellenblatt „Außendienst". Übernehmen Sie in der Spalte „Region" die Angabe der Region mit Bezug auf das Tabellenblatt „Filialen" für jeden Außendienstmitarbeiter.

Unter dem Begriff „Bezug" versteht man eine Verknüpfung zu einer Zelle im selben Tabellenblatt, in einem anderen Tabellenblatt oder in einer anderen Excel-Arbeitsmappe.

In diesem Fall soll auf Zellen im Tabellenblatt „Filialen" zugegriffen werden. Sie beginnen im Ziel-Tabellenblatt „Außendienst" und setzen Ihren Cursor auf die erste Zelle (B7). Sie tippen nun ein Gleichheitszeichen (siehe Abbildung):

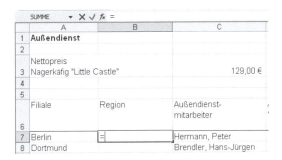

Ohne andere Zwischenschritte klicken Sie nun auf das Tabellenregister „Filialen" und darin auf die Zelle B4 (darin steht die Region für die Filiale Berlin). Achten Sie auf die Bearbeitungszeile, dort wird Ihre Verknüpfungsformel angezeigt.

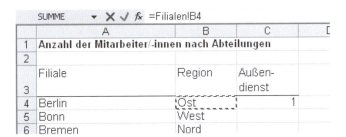

Wenn in der Bearbeitungszeile nun die richtige Verknüpfung sichtbar ist, drücken Sie die Return-Taste um Ihre Eingabe zu beenden. Der Cursor springt zurück ins Tabellenblatt „Außendienst" und zeigt in Zelle B7 nun den gewünschten Eintrag, nämlich „Ost" an. Wenn Ihr Mauszeiger auf Zelle B7 steht, sehen Sie in der Bearbeitungszeile Ihre Verknüpfungsformel.

Da in dieser Aufgabe nur ausgewählte Filialen verwendet werden, ist ein Kopieren dieser Formel (ausnahmsweise) nicht möglich. Sie müssen die Verknüpfung für jede Filiale einzeln erstellen. So sieht es auch die Aufgabenstellung („für jeden Außendienstmitarbeiter") vor.

Lösung Aufgabe 2: Vertriebszahlen Außendienst

2.2.2 **Ermitteln Sie in der vorgesehenen Spalte den Nettoumsatz je Außendienstmitarbeiter.**

Den Nettoumsatz je Außendienstmitarbeiter für dieses Produkt ermitteln Sie durch Multiplikation des Netto-Einzelpreises (129,00 Euro in Zelle C3) mit der Anzahl der Verkäufe (in den Zellen D7 bis D12). Wir beginnen mit der Formel in Zelle E7.

Ihr Cursor befindet sich in Zelle E7. Eine Formel beginnt immer mit einem Gleichheitszeichen. Direkt im Anschluss klicken Sie auf die erste in der Formel zu nennenden Zelle: =D7

Als Nächstes tippen Sie das Rechenzeichen für die Multiplikation, also das Sternchen „*" ein. Direkt danach klicken Sie auf die Zelle C3.

Damit die Formel kopierfähig wird, muss die Zelle C3 (in der der Netto-Einzelpreis steht) als so genannter absoluter Bezug gesetzt werden. Das bedeutet, dass beim Kopieren dieser Formel in andere Zellen (hier: nach unten) der Zellbezug C3 nicht verändert wird.

Sie erzeugen einen absoluten Bezug, indem Sie innerhalb der Formel mit Ihrem Cursor auf dem Zellbezug C3 stehen und nun die Funktionstaste „F4" drücken. Dem Bezug C3 werden nun Dollar-Zeichen (vor dem C und vor der 3) hinzugefügt, welche den absoluten Bezug anzeigen. Nun drücken Sie zum Abschluss Ihrer Formel die Return-Taste.

	A	B	C	D	E
1	Außendienst				
2					
3	Nettopreis Nagerkäfig "Little Castle"		129,00 €		
4					
5					
6	Filiale	Region	Außendienstmitarbeiter	Anzahl Verkäufe "Little Castle"	Nettoumsatz 1. Quartal "Little Castle"
7	Berlin	Ost	Hermann, Peter	1226	=D7*$C$3
8	Dortmund	West	Brendler, Hans-Jürgen	745	
9	Dresden	Ost	Waldburg, Ulrich	533	

Um die Formel in die Zellen E8 bis E12 zu kopieren, haben Sie nun mehrere Möglichkeiten. Eine der schnellsten Möglichkeiten ist das Markieren des Bereichs inklusive der Ausgangsformel (also E7 bis E12) und das Drücken der Tastenkombination „STRG+U".

	A	B	C	D	E
1	Außendienst				
2					
3	Nettopreis Nagerkäfig "Little Castle"		129,00 €		
4					
5					
6	Filiale	Region	Außendienstmitarbeiter	Anzahl Verkäufe "Little Castle"	Nettoumsatz 1. Quartal "Little Castle"
7	Berlin	Ost	Hermann, Peter	1226	158.154,00 €
8	Dortmund	West	Brendler, Hans-Jürgen	745	
9	Dresden	Ost	Waldburg, Ulrich	533	
10	Hamburg Altona	Nord	Liebermann, Werner	895	
11	Hannover Laatzen	Nord	Ortricht, Hendrik	1004	
12	München	Süd	Wilkens, Jan	954	
13					

„STRG+U" kopiert eine (mitmarkierte) Formel nach unten.

Lösung Aufgabe 2: Vertriebszahlen Außendienst

2.2.3 Fügen Sie vor der Spalte „Zusatzprovision" eine neue Spalte ein und benennen Sie diese mit „Grundprovision".

Unter 2.1.3 mussten Sie Spalten löschen. Das Einfügen zusätzlicher Spalten funktioniert ähnlich.

Klicken Sie mit der rechten Maustaste auf den Spaltenkopf, neben welchem links davon eine zusätzliche Spalte eingefügt werden soll.

Wählen Sie aus dem Kontextmenü den Befehl „Zellen einfügen".

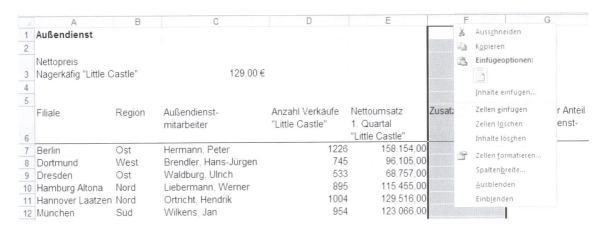

Hinweis:
Wenn Sie mehrere Spalten markieren, wird die Anzahl der markierten Spalten in einem Schritt eingefügt.

Lösung Aufgabe 2: Vertriebszahlen Außendienst

2.2.4 **Ermitteln Sie die Grundprovision für jeden Außendienstmitarbeiter, die für dieses Produkt 2 % vom Nettoumsatz beträgt.**

Um die Grundprovision zu ermitteln, sollen Sie den Nettoumsatz des Mitarbeiters mit 2 % multiplizieren.

Klicken Sie auf die Zelle F7. Tippen Sie das Gleichheitszeichen und klicken Sie direkt im Anschluss auf die Zelle E7, in welcher der zuvor berechnete Nettoumsatz steht. Multiplizieren Sie den Wert mit 2 %. Sie können folgende Formel-Varianten verwenden:

=E7*0,02
=E7*2/100
=E7*2%

Alle bedeuten rechnerisch das Gleiche. In allen Fällen drücken Sie im Anschluss die Return-Taste um Ihre Formel abzuschließen.

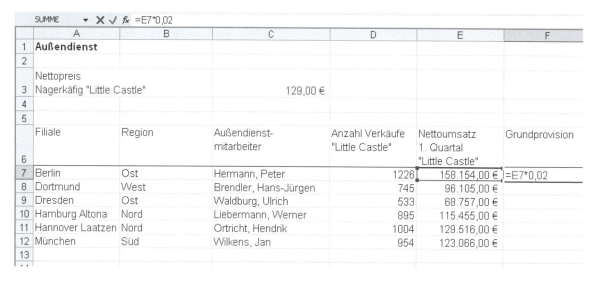

Diese Formel können Sie ohne weitere Anpassungen nach unten kopieren. Eine Alternative zur oben beschriebenen Methode mit der Tastenkombination „STRG+U" ist das AutoAusfüllen mit der Maus: Sie klicken auf die Zelle, in der Ihre erste Formel steht, also auf F7. Am rechten unteren Rand der Zellumrandung erkennen Sie eine etwas dicker angezeigte Ecke. Genau auf diese Ecke legen Sie nun Ihren Mauszeiger (zunächst ohne zu klicken). Anstelle des dickeren weißen Kreuzes erscheint nun ein schmales schwarzes Kreuz. Erst sobald Sie dieses sehen, drücken Sie Ihre linke Maustaste und halten sie gedrückt. Mit gedrückter Maustaste ziehen Sie Ihre Formel nun nach unten, bis in die Zelle F12.

Lösung Aufgabe 2: Vertriebszahlen Außendienst

2.2.5 Die Zusatzprovision für das Produkt wird in Abhängigkeit von der Höhe des Nettoumsatzes in einem Quartal gewährt. Ermitteln Sie die Zusatzprovision in der vorgesehenen Spalte mit Hilfe der WENN-Funktion.

Variante 1: Einfacher Schwierigkeitsgrad
Es gelten folgende Bedingungen:

Nettoumsatz ab 100.000 € pro Quartal	1% vom Nettoumsatz
Nettoumsatz kleiner als 100.000 €	Keine Prämie

In Variante 1 ist eine einfache WENN-Funktion (im Gegensatz zu einer verschachtelten) zu erstellen. Dies liegt unter dem Niveau Ihrer Prüfung und ist hier nur zu Lernzwecken im Rahmen Ihrer Vorbereitung als Aufgabe gestellt. Dem Prüfungsniveau entspricht eher die Variante 2.

Eine WENN-Funktion prüft den Inhalt einer Zelle (Text, Zahl oder Formelergebnis) und gibt je nach Prüfwert unterschiedliche Ergebnisse aus – so wie die Aufgabe in Variante 1 es verlangt. Keine Prämie wäre dabei der Wert „0".

Beginnen Sie in Zelle G7 und tippen Sie ein Gleichheitszeichen und direkt im Anschluss ohne Leerzeichen den Namen der Funktion „WENN" (Groß- und Kleinschreibung muss nicht beachtet werden) und dann eine öffnende Klammer.

Automatisch erscheint nun eine Hilfestellung, die Ihnen den richtigen Formelaufbau – die so genannte Formelsyntax – anzeigt:

Wenn Sie diese drei Teile der Formel (Prüfung, Dann-Wert und Sonst-Wert) nicht manuell eingeben möchten, können Sie nun in der Bearbeitungszeile auf „fx" klicken, um den Funktionsassistenten aufzurufen.

Die mathematische Prüfung der Aufgabenstellung wird folgendermaßen gelöst:

=WENN(E7>=100000;E7*0,01;0)

Lösung Aufgabe 2: Vertriebszahlen Außendienst

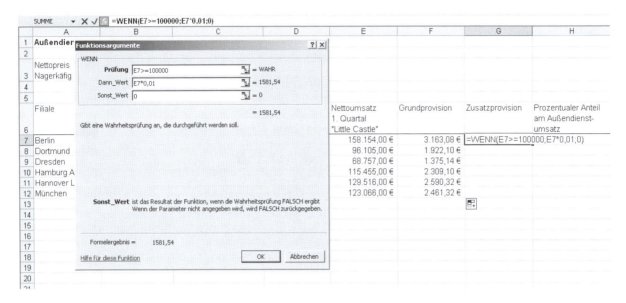

Achten Sie bei der Eingabe darauf, dass Sie Zahlen ohne jede Formatierung (hier: 100000 statt 100.000 oder 100.000,00 oder 100.000 €) eingeben.

Der Vergleichsoperator „>=" bedeutet „größer oder gleich". Diesen verwenden Sie aufgrund der Formulierung „ab 100.000 €", welche den Wert 100.000 mit einschließt. Ebenso verwenden Sie „größer oder gleich", wenn die Formulierung in der Aufgabenstellung „mindestens" lautet. Eine Liste der am häufigsten verwendeten Operatoren in Excel finden Sie im Vorkurs des Aufgabenteils.

Die so erstellte Formel kann mit einer der oben beschriebenen AutoAusfüllen-Varianten (Tastenkombination „STRG+U" oder kleines schwarzes Kreuz als Mauszeiger) nach unten kopiert werden.

Variante 2: Mittlerer Schwierigkeitsgrad
Es gelten folgende Bedingungen:

Nettoumsatz ab 150.000 € pro Quartal	1,5% vom Nettoumsatz
Nettoumsatz ab 100.000 € pro Quartal	1% vom Nettoumsatz
Nettoumsatz kleiner als 100.000 €	Keine Prämie

Wenn mehr als zwei unterschiedliche Bedingungen zu prüfen sind, muss eine WENN-Funktion verschachtelt werden. Anstelle des DANN- oder des SONST-Wertes wird in diesem Fall erneut eine WENN-Funktion eingefügt.

Sie beginnen die WENN-Funktion wie oben beschrieben. Sie tippen in Zelle G7 zunächst:

=WENN(

Rufen Sie nun den Funktionsassistenten auf. Der Prüfwert und der DANN-Wert werden analog zur Variante 1 eingetragen. Im SONST-Wert wird allerdings erneut eine WENN-Funktion begonnen:

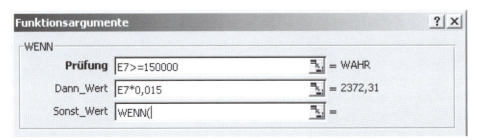

Lösung Aufgabe 2: Vertriebszahlen Außendienst

Klicken Sie nun zweimal nacheinander (kein Doppelklick, sondern langsam nacheinander) auf das Symbol für den Funktionsassistenten „fx", um für die neue WENN-Funktion ebenfalls den Assistenten zu verwenden. In der Bearbeitungszeile können Sie mitverfolgen, dass diese WENN-Funktion an der Stelle des SONST-Wertes in Ihrer ersten Funktion eingesetzt wird:

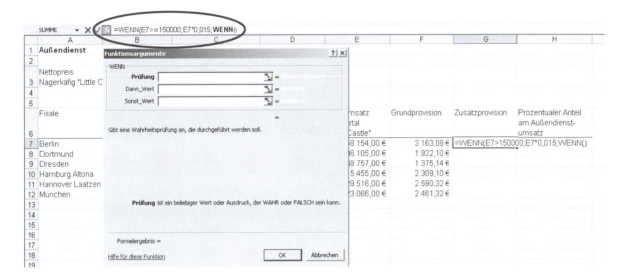

Die Eingaben lauten:
Prüfung: E7>=100000
Dann_Wert: E7*0,01
Sonst_Wert: 0

Anschließend klicken Sie wie gewohnt auf OK und kopieren die Formel in die darunter stehenden Zellen. Ihre gesamte Formel ebenso wie die Ergebnisse können Sie in der nachfolgenden Abbildung überprüfen:

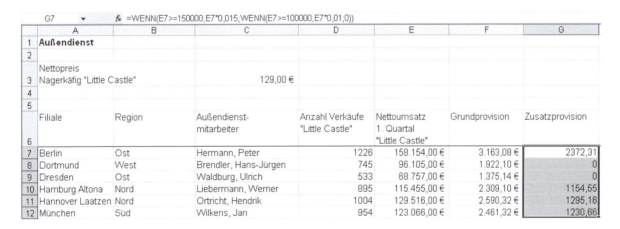

Hinweis:
Die Lösungsangaben ab Aufgabe 2.2.6 werden mit den Ergebnissen der Variante 2 fortgesetzt.

Lösung Aufgabe 2: Vertriebszahlen Außendienst

2.2.6 Fügen Sie rechts neben der Spalte „Zusatzprovision" eine weitere Spalte ein, und berechnen Sie in dieser neuen Spalte die „Gesamtprovision" für jeden Außendienstmitarbeiter.

Fügen Sie eine neue Spalte ein wie unter 2.2.3 beschrieben. Markieren Sie dazu die Spalte H und wählen Sie aus dem Kontextmenü den Befehl „Zellen einfügen".

Die Gesamtprovision ergibt sich in der Zelle H7 durch die Addition von Grundprovision und Zusatzprovision. Sie haben verschiedene Möglichkeiten für Ihre kopierfähige Formel:

=F7+G7
=SUMME(F7:G7)

2.2.7 Ermitteln Sie in der Zeile 13 die Summen der Anzahl der Verkäufe, des Nettoumsatzes sowie der verschiedenen Provisionen.

Für diese Aufgabe verwenden Sie am besten die AutoSumme in der Symbolleiste des Menüs „Formeln" (oder „Start"), weil Ihnen der zu addierende Zahlenbereich damit in der Regel bereits korrekt vorgegeben wird. Setzen Sie Ihren Cursor zuvor in die Zelle D13, in welcher die Summe der Anzahl der Verkäufe errechnet werden soll. Klicken Sie anschließend auf das Symbol „AutoSumme".

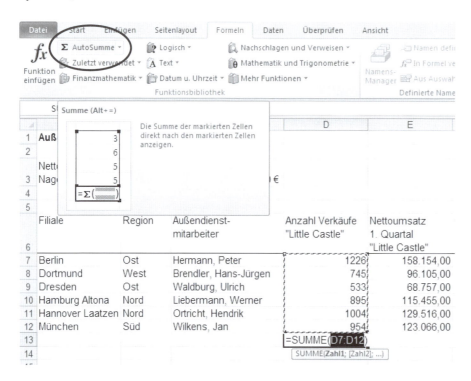

Wie in der Abbildung zu sehen, wird Ihnen vorgeschlagen, die darüber liegenden Zahlenwerte in den Zellen von D7 bis D12 zu addieren. Sie müssen nun nur noch mit der Return-Taste die vorgeschlagene Formel bestätigen.

Kopieren Sie die Formel nun nach rechts, indem Sie die Zellen D13 bis H13 markieren und anschließend die Tastenkombination „STRG+R" drücken.

Lösung Aufgabe 2: Vertriebszahlen Außendienst

Sie erhalten folgendes Bild:

Anzahl Verkäufe "Little Castle"	Nettoumsatz 1. Quartal "Little Castle"	Grundprovision	Zusatzprovision	Gesamtprovision	Prozentualer Anteil am Außendienstumsatz
1226	158.154,00 €	3.163,08 €	2372,31	5.535,39 €	
745	96.105,00 €	1.922,10 €	0	1.922,10 €	
533	68.757,00 €	1.375,14 €	0	1.375,14 €	
895	115.455,00 €	2.309,10 €	1154,55	3.463,65 €	
1004	129.516,00 €	2.590,32 €	1295,16	3.885,48 €	
954	123.066,00 €	2.461,32 €	1230,66	3.691,98 €	
5357	691053	13821,06	6052,68	19873,74	

2.2.8 Formatieren Sie alle Euro-Werte als Zahl mit 1000er-Trennpunkt sowie mit zwei Nachkommastellen.

Es ist am einfachsten, den gesamten zusammenhängenden Bereich zu markieren und die Formatierung einheitlich festzulegen. Markieren Sie also den Bereich von E7 bis H13 und wählen Sie im Kontextmenü den Befehl „Zellen formatieren". Im Dialogfenster „Zellen formatieren" wird immer die zuletzt verwendete Registerkarte angezeigt. Falls also nicht aktiv, wählen Sie bitte die Registerkarte „Zahlen".

Laut Aufgabenstellung soll nun die Kategorie „Zahl" ausgewählt werden. Im rechten Bereich des Dialogfensters können Sie zusätzlich die Anzahl der Dezimalstellen (=Nachkommastellen) sowie das 1000er-Trennzeichen auswählen.

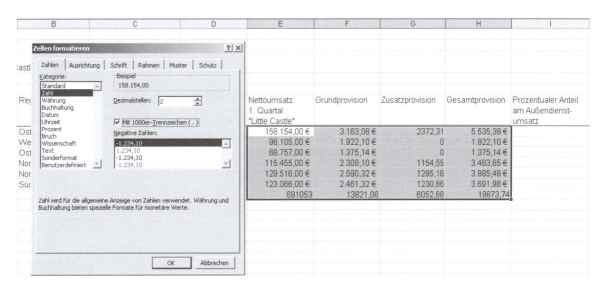

Sobald Sie mit OK bestätigen, werden die zuvor markierten Zellen im gewünschten Format angezeigt.

Lösung Aufgabe 2: Vertriebszahlen Außendienst

2.2.9 Ermitteln Sie in der vorgesehenen Spalte den prozentualen Anteil des Nettoumsatzes eines jeden Außendienstmitarbeiters. Formatieren Sie Ihre Ergebnisse in Prozent mit einer Nachkommastelle.

Die prozentualen Anteile am Außendienstumsatz sollen in der Spalte I ermittelt werden. Klicken Sie in die erste Zelle dieses Bereichs, also in die Zelle I7, um Ihre kopierfähige Ausgangsformel einzugeben.

	E	F	G	H	I
6	Nettoumsatz 1. Quartal "Little Castle"	Grundprovision	Zusatzprovision	Gesamtprovision	Prozentualer Anteil am Außendienstumsatz
7	158.154,00	3.163,08	2.372,31	5.535,39	=E7/$E$13
8	96.105,00	1.922,10	0,00	1.922,10	
9	68.757,00	1.375,14	0,00	1.375,14	
10	115.455,00	2.309,10	1.154,55	3.463,65	
11	129.516,00	2.590,32	1.295,16	3.885,48	
12	123.066,00	2.461,32	1.230,66	3.691,98	
13	691.053,00	13.821,06	6.052,68	19.873,74	

Das Ergebnis in der Zelle I7 ergibt sich als Verhältnis des Nettoumsatzes des Außendienstmitarbeiters Peter Hermann zum Gesamt-Außendienstumsatz (in Zelle E13). Rechnerisch lautet die Formel:

=E7/E13

Da für alle Außendienstmitarbeiter der jeweils eigene Umsatz (= relativer Bezug) ins Verhältnis zur immer gleichen Zahl (= absoluter Bezug auf Zelle E13) gesetzt werden soll, muss der absolute Bezug gebildet werden, bevor die Formel kopiert werden kann. Klicken Sie dazu innerhalb Ihrer Ausgangsformel auf den Bezug E13 und drücken Sie danach die Funktionstaste F4. Der absolute Bezug wird durch die Dollarzeichen vor Buchstabe und vor Zahl gekennzeichnet:

=E7/$E$13

Nun kann die Formel in die Zellen I8 bis I12 kopiert werden.

Die Ergebnisse sollen im Prozentformat mit einer Nachkommastelle formatiert werden. Markieren Sie also die Zellen I7 bis I12 und wählen Sie im Kontextmenü den Befehl „Zellen formatieren". Im Register „Zahlen" klicken Sie auf die Kategorie „Prozent" und wählen noch eine Dezimalstelle aus. Nun sollten Sie folgendes Ergebnis erhalten haben:

	Außendienstmitarbeiter	Anzahl Verkäufe "Little Castle"	Nettoumsatz 1. Quartal "Little Castle"	Grundprovision	Zusatzprovision	Gesamtprovision	Prozentualer Anteil am Außendienstumsatz
7	Hermann, Peter	1226	158.154,00	3.163,08	2.372,31	5.535,39	22,9%
8	Brendler, Hans-Jürgen	745	96.105,00	1.922,10	0,00	1.922,10	13,9%
9	Waldburg, Ulrich	533	68.757,00	1.375,14	0,00	1.375,14	9,9%
10	Liebermann, Werner	895	115.455,00	2.309,10	1.154,55	3.463,65	16,7%
11	Ortricht, Hendrik	1004	129.516,00	2.590,32	1.295,16	3.885,48	18,7%
12	Wilkens, Jan	954	123.066,00	2.461,32	1.230,66	3.691,98	17,8%
13		5357	691.053,00	13.821,06	6.052,68	19.873,74	

Lösung Aufgabe 2: Vertriebszahlen Außendienst

Hinweis:
Wenn Sie den prozentualen Anteil nach der Dreisatz-Methode berechnen, würden Sie I7 noch mit 100 multiplizieren. Diesen Rechenschritt übernimmt in Excel die Prozentformatierung für Sie. Solange Sie also noch keine Prozentformatierung auf den Zellbereich angewendet haben, sehen Ihre richtigen (!) Ergebnisse folgendermaßen aus:

	Außendienst-mitarbeiter	Anzahl Verkäufe "Little Castle"	Nettoumsatz 1. Quartal "Little Castle"	Grundprovision	Zusatzprovision	Gesamtprovision	Prozentualer Anteil am Außendienst-umsatz
7	Hermann, Peter	1226	158.154,00	3.163,08	2.372,31	5.535,39	0,22885944
8	Brendler, Hans-Jürgen	745	96.105,00	1.922,10	0,00	1.922,10	0,13907038
9	Waldburg, Ulrich	533	68.757,00	1.375,14	0,00	1.375,14	0,09949599
10	Liebermann, Werner	895	115.455,00	2.309,10	1.154,55	3.463,65	0,16707112
11	Ortricht, Hendrik	1004	129.516,00	2.590,32	1.295,16	3.885,48	0,18741833
12	Wilkens, Jan	954	123.066,00	2.461,32	1.230,66	3.691,98	0,17808475
13		5357	691.053,00	13.821,06	6.052,68	19.873,74	

2.2.10 Ermitteln Sie in einer weiteren Spalte rechts daneben den prozentualen Anteil eines jeden Mitarbeiters an der Zusatzprovision. Geben Sie der Spalte eine entsprechende Überschrift und übernehmen Sie das Format der anderen Spaltenüberschriften. Ihre Ergebnisse formatieren Sie in Prozent mit einer Nachkommastelle.

Da die Spalten rechts neben I frei sind, muss keine Spalte eingefügt werden. Sie arbeiten einfach in Spalte J weiter und vergeben zunächst eine aussagekräftige Überschrift für Ihre zusätzliche Spalte, zum Beispiel „Prozentualer Anteil an der Zusatzprovision".

Dieser prozentuale Anteil errechnet sich in Zelle J7 analog zur Aufgabe 2.2.9 mit folgender kopierfähiger Formel:

=G7/$G$13

Um das Format der anderen Überschriften auf die neue Überschrift zu übertragen, klicken Sie auf die nebenstehende Überschrift in der Zelle I6 und wählen in der Symbolleiste den Befehl „Format übertragen":

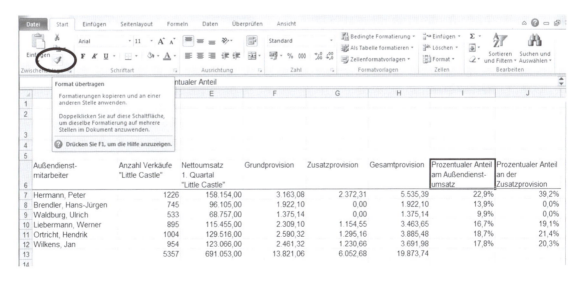

Anschließend klicken Sie sofort auf die Zelle J6 und sie erhält das gleiche Format wie die Zelle I6.

Lösung Aufgabe 2: Vertriebszahlen Außendienst

2.2.11 Die Spalten I und J erhalten jeweils die Spaltenbreite 18.

Markieren Sie die Spalten I und J. Erzeugen Sie am rechten Rand des Spaltenkopfes einer der beiden markierten Spalten (zum Beispiel auf der Trennlinie zwischen I und J) den Mauszeiger mit dem Doppelpfeil und ziehen Sie, bis als Breite „18 (131 Pixel)" angezeigt wird.

2.2.12 Lassen Sie in der Zeile 13 die Summe der Prozentwerte in beiden Spalten berechnen.

Die Summe der Prozentwerte in diesen beiden Spalten muss natürlich 100% ergeben. Sie verwenden am besten die Summenformel. Alternativ zur „AutoSumme" in der Symbolleiste können Sie die Formeln natürlich auch manuell eintippen:

In Zelle I13:   =SUMME(I7:I12)

In Zelle: J13:   =SUMME(J7:J12)

2.2.13 Formatieren Sie die Schrift in Zeile 13 fett und doppelt unterstrichen.

Die gesamte Zeile 13 markieren Sie, indem Sie auf den Zeilenkopf (also direkt auf die Zeilenbezeichnung 13) klicken. Für die doppelte Unterstreichung können Sie erneut das Dialogfenster „Zellen formatieren" verwenden.

Nachdem Sie also die Zeile markiert haben, wählen Sie im Kontextmenü den Befehl „Zellen formatieren" und klicken auf die Registerkarte „Schrift". Wählen Sie bei „Schriftschnitt" den Listeneintrag „Fett" aus und bei „Unterstreichung" den Eintrag „Doppelt". Sie bestätigen mit OK.

Alternativ können Sie im Menü „Start" auch aus der Symbolleiste den Befehl zum doppelten Unterstreichen ebenso wie zum Formatieren „fett" verwenden.

2.3 Darstellung statistischer Daten

2.3.1 Erstellen Sie ein Kreisdiagramm, welches die prozentualen Anteile am Nettoumsatz der einzelnen Außendienstmitarbeiter darstellt.

Ein Kreisdiagramm eignet sich für die Darstellung prozentualer Verhältnisse, weil es die Anteile an einem Ganzen darstellt.

Damit Ihre Diagramme auf Anhieb gelingen, ist es besonders wichtig, vor der Erstellung genau zu überlegen, welche Daten benötigt werden und genau diese zu markieren. Werden mehrere Spalten markiert, müssen dabei unbedingt Zellbereiche auf gleicher Höhe (Anfang und Ende in der gleichen Zeilenhöhe) markiert werden.

Lösung Aufgabe 2: Vertriebszahlen Außendienst

Beispiel für eine falsche Markierung:

Für Spalte C sind die Zeilen 7 bis 12 und für Spalte I sind die Zeilen 7 bis 13 markiert!

Richtige Markierung:

Für beide Spalten sind genau die gleichen Zeilen markiert: C7 bis C12 ebenso wie I7 bis I12.

Damit Ihnen dies exakt gelingt, markieren Sie zunächst den Zellbereich C7 bis C12. Drücken Sie nun die STRG-Taste und halten Sie diese gedrückt. Mit der anderen Hand betätigen Sie die Maus und markieren den Bereich I7 bis I12.

Anschließend starten Sie den Diagramm-Assistenten mit dem Kreisdiagramm-Symbol im Menü „Einfügen" (s. Abbildung).

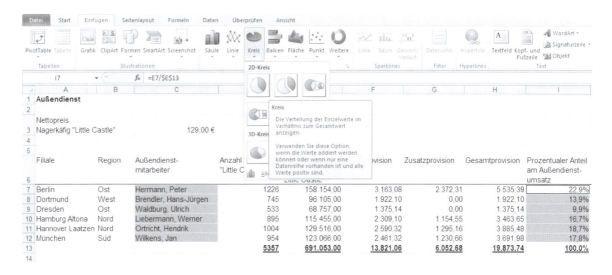

Lösung Aufgabe 2: Vertriebszahlen Außendienst

Mit gedrückter linker Maustaste im weißen Bereich des Diagramms können Sie dieses in Ihrem Tabellenblatt an die gewünschte Position – zum Beispiel unter die Tabelle – ziehen. Nun können Sie noch weitere Optionen hinzufügen oder ändern.

Um die prozentualen Werte hinzuzufügen, klicken Sie mit der rechten Maustaste auf das Diagramm und wählen im Kontextmenü „Datenbeschriftungen hinzufügen":

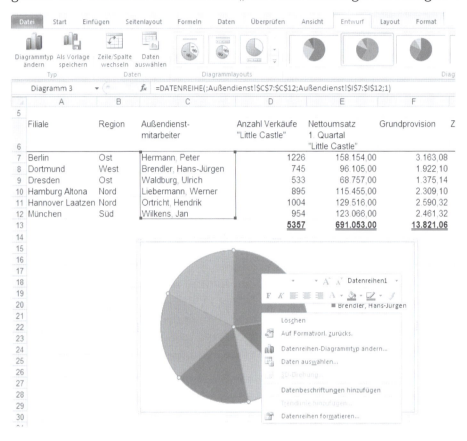

2.3.2   Geben Sie dem Diagramm eine aussagefähige Überschrift.

Wählen Sie (das Diagramm muss angeklickt bzw. markiert sein) aus den „Diagrammtools" den Befehl „Diagrammtitel" => „über Diagramm". Geben Sie Ihre Überschrift ein, zum Beispiel „Prozentuale Anteile am Außendienstumsatz".

2.3.3   Die Legende soll links neben dem Diagramm platziert werden und die Datenbeschriftungen sollen als Prozentwerte mit einer Nachkommastelle angezeigt werden.

Falls Ihre Legende noch nicht links platziert worden ist, können Sie dies nachholen, indem Sie einen Rechtsklick auf die Legende ausführen. Sie können dann im Kontextmenü den Befehl „Legende formatieren" auswählen. Unter „Legendenoptionen" wählen Sie „Links".

Lösung Aufgabe 2: Vertriebszahlen Außendienst

Fertig gestellt erhalten Sie etwa folgendes Diagramm:

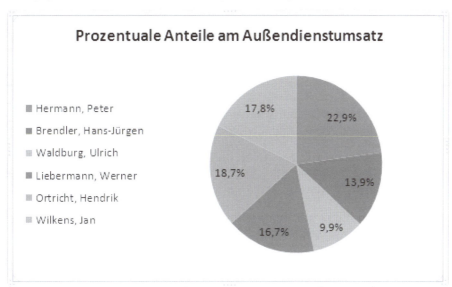

2.4 Seitenlayout und Druck

Eine ausführliche Erklärung der Vorgehensweise zu Seitenlayout und Ausdruck finden Sie unter Lösung 1.3.

Lösung Aufgabe 3: Ausbildungsplätze

3.1 Vorbereiten der Daten

3.1.1 Löschen Sie alle Tabellenregisterblätter bis auf das benötigte Tabellenblatt „Bew_Ausbildung".

Markierte Tabellenblätter werden gelöscht, indem Sie auf dem Namen eines der markierten Tabellenblätter einen Rechtsklick ausführen und aus dem Kontextmenü den Befehl „Löschen" auswählen.

Mehrere einzelne Tabellenblätter markieren Sie mithilfe der STRG-Taste.

Mehrere nebeneinander liegende Tabellenblätter können noch schneller mithilfe der UMSCHALT-Taste markieren: Sie klicken das erste Tabellenblatt an, drücken danach die UMSCHALT-Taste und halten diese gedrückt und schließlich klicken Sie mit der Maus auf das letzte Tabellenblatt in einem Bereich. Alle Tabellenblätter, die zwischen den beiden angeklickten Tabellenblättern liegen ebenso wie die beiden Tabellenblätter selbst, werden dann in einem Schritt markiert.

In unserem Beispiel klicken Sie zuerst auf „Personalliste", halten dann die UMSCHALT-Taste gedrückt und klicken schließlich auf „Arbeitsunfälle". Anschließend löschen Sie noch die beiden Tabellenblätter rechts neben „Bew_Ausbildung".

3.1.2 Fixieren Sie die Spalte A sowie die Zeilen 1 bis 3.

Das Fixieren von Spalten und Zeilen hilft Ihnen bei der Orientierung in großen Tabellenblättern, die aufgrund ihrer Größe nicht auf Ihrem Bildschirm angezeigt werden können. Mit der Fixierung legen Sie fest, welche oben angeordneten Zeilen – in der Regel Überschriften – und welche links stehenden Spalten immer auf dem Bildschirm angezeigt werden, unabhängig davon wie weit Sie nach unten oder nach rechts scrollen.

In dieser Aufgabe ist vorgegeben, dass die Spalte A sowie die Zeilen 1 bis 3 fixiert werden sollen. Dazu klicken Sie in die Zelle unterhalb der vorgegebenen Zeile (also Zeile 4) und rechts neben der vorgegebenen Spalte (also Spalte B). Wenn Ihr Cursor auf der Zelle B4 steht, wechseln Sie ins Menü „Ansicht" und wählen beim Befehl „Fenster einfrieren" den Auswahlpfeil und dort erneut den Befehl „Fenster einfrieren":

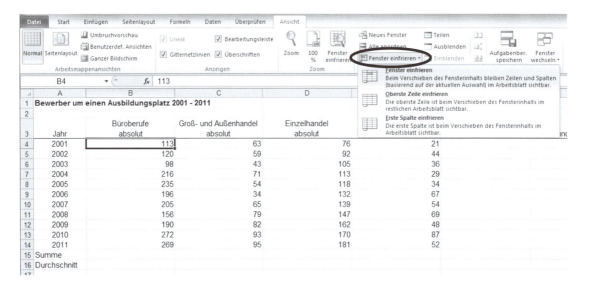

Lösung Aufgabe 3: Ausbildungsplätze

3.1.3 Ergänzen Sie die Überschriften in den Zellen F3 bis I3 um die Angabe „in Prozent" gemäß Anlage 1. Achten Sie auf die vorgegebenen Zeilenumbrüche.

Einen Zeilenumbruch an einer bestimmten Stelle innerhalb einer Zelle erzeugen Sie mit der Tastenkombination „ALT+Return".

3.1.4 Fügen Sie ein weiteres leeres Tabellenblatt ein, welches Sie in „Noten" umbenennen.

Klicken Sie mit der rechten Maustaste auf das bestehende Tabellenblatt und wählen Sie aus dem Kontextmenü den Befehl „Einfügen" aus. Bestätigen Sie das Dialogfenster – in welchem Ihnen „Tabellenblatt" als Standardauswahl angezeigt wird – mit OK.

Durch einen Doppelklick auf den Namen des neuen Tabellenblattes (bis dahin „Tabelle 1"), markieren Sie den Namen und Sie können das Blatt in „Noten" umbenennen. Klicken Sie anschließend in das Tabellenblatt hinein oder klicken Sie auf das andere Tabellenblatt, um Ihre Eingabe abzuschließen.

Um das Tabellenblatt an eine andere Stelle zu ziehen (falls Sie dies wünschen, die Aufgabenstellung verlangt es hier nicht), führen Sie Ihren Mauszeiger erneut auf den Namen des Registers (jetzt „Noten"). Wenn der weiße Mauszeigerpfeil erscheint, drücken Sie Ihre linke Maustaste und ziehen das Tabellenregisterblatt an eine andere Stelle, zum Beispiel auf die rechte Seite des bereits vorher vorhandenen Tabellenblattes (ans Ende). Das kleine schwarze Dreieck zeigt Ihnen, an welcher Stelle das Tabellenblatt eingefügt wird.

3.1.5 Stellen Sie für alle Zellen die Schriftart Arial und Schriftgröße 11 pt. ein. Geben Sie Daten gemäß Anlage 2 ein. Beginnen Sie in Zelle A1.

Um sämtliche Zellen eines Tabellenblattes zu markieren, klicken Sie auf das graue Kästchen links vor der Spalte A und über der Zeile 1 (siehe Abbildung). Ebenso können Sie die Tastenkombination „STRG+A" drücken.

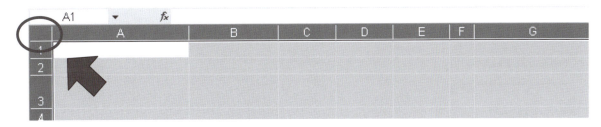

Achten Sie bei der Eingabe der Tabelle auf die Ausrichtung der Texte und Zahlen. In der Zeile 3 sind diese nicht nur in der horizontalen Ausrichtung, sondern auch vertikal zentriert.

Dies stellen Sie ein, indem Sie die Zellen (am besten gleich die ganze Zeile 3) markieren und den Befehl „Zellen formatieren" aus dem Kontextmenü oder mit der rechten Maustaste aufrufen. In der Registerkarte „Ausrichtung" können Sie sowohl horizontale (linksbündig, rechtsbündig, zentriert) als auch vertikale (oben, zentriert, unten) einstellen:

Lösung Aufgabe 3: Ausbildungsplätze

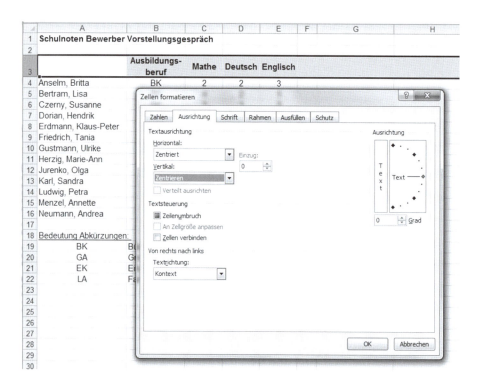

Die Rahmenlinien erzeugen Sie, indem Sie den Bereich A3 bis E16 markieren und anschließend in der Symbolleiste das Zeichen für „Rahmen" aufrufen und innerhalb der Auswahl „Alle Rahmenlinien" anklicken:

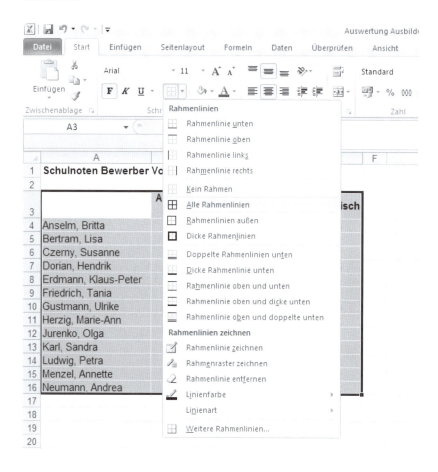

Lösung Aufgabe 3: Ausbildungsplätze

3.1.6 Erfassen Sie des Weiteren die Tabelle gemäß Anlage 3, beginnend in der Zelle G3. Übernehmen Sie für beide Anlagen alle vorgegebenen Formatierungen und Rahmenlinien.

Achten Sie darauf, Ihre Eingaben genau in die richtigen Zellen einzugeben. Des Weiteren wird von Ihnen erneut an einigen Stellen der Zeilenumbruch („ALT+Return") erwartet.

3.1.7 Ergänzen Sie in beiden Tabellenblättern in der Fußzeile im mittleren Abschnitt Ihren Namen.

Markieren Sie mithilfe der STRG- oder der UMSCHALT-Taste beide Tabellenblätter.

Im Menü „Einfügen" wählen Sie den Befehl „Kopf- und Fußzeile". Sie wechseln in die Fußzeile und geben im mittleren Abschnitt Ihren Namen ein[4].

3.2. Bearbeiten der Daten

3.2.1 Ermitteln Sie in der Zelle B15 die Summe der Bewerbungen in den Büroberufen in den vergangenen 10 Jahren. Kopieren Sie Ihre Formel in die Zellen C15 bis E15, um die Bewerbungen in den anderen Berufen berechnen zu lassen.

Die Formel in der Zelle B15 lautet:

=SUMME(B4:B14)

Ohne Veränderung der Bezüge kann die Formel in die Zellen C15 und E15 kopiert werden. Verwenden Sie dazu zum Beispiel den Befehl „STRG+R" oder das Ausfüllkästchen für die Durchführung des Befehls per Drag & Drop.

3.2.2 Ermitteln Sie in der Zelle B16 den Durchschnitt der eingegangenen Bewerbungen für die Büroberufe. Kopieren Sie Ihre Formel in die Zellen C16 bis E16 für die übrigen Berufe.

Die Formel in der Zelle B16 lautet:

=MITTELWERT(B4:B14)

Wenn Sie das AutoSummen-Symbol verwenden und in der Auswahlliste die Funktion MITTELWERT auswählen, schlägt Excel Ihnen wahrscheinlich den Bereich (B4:B15) vor. Dies liegt daran, dass es sich bei Ihrem Summenergebnis in der Zelle B15 ebenfalls um ein Zahlenwert handelt – Sie müssen den Auswahlbereich daher manuell auf (B4:B14) korrigieren.

3.2.3 Formatieren Sie Ihre acht Ergebnisse als Zahl ohne Nachkommastellen.

Markieren Sie die acht Zellen von B15 bis E16. Wählen Sie im Kontextmenü erneut den Befehl „Zellen formatieren" und klicken Sie auf die Registerkarte „Zahlen". Unter „Kategorie" im linken Bereich wählen Sie das Format „Zahl" auf und Sie setzen rechts daneben die Anzahl der Nachkommastellen (Dezimalstellen) auf „0".

---

[4] Mehr zum Einstellen der Kopf- und Fußzeile finden Sie in der Lösung zu Aufgabe 1 unter 1.1.2.

Lösung Aufgabe 3: Ausbildungsplätze

3.2.4 **Ermitteln Sie in der Zelle F4 den prozentualen Anteil der Bewerber auf einen Ausbildungsplatz in den Büroberufen im Jahr 2001.**

Der prozentuale Anteil der Bewerber je Ausbildungsberuf ergibt sich rechnerisch, indem die Anzahl der Bewerber des jeweiligen Ausbildungsberufs durch die Summe aller Bewerber in einem Jahr geteilt wird. In Zelle F4 lautet die Formel daher:

=B4/SUMME(B4:E4)

Damit diese Formel sowohl nach unten (für alle Jahre) als auch nach rechts (für die anderen Berufe) kopierfähig ist, ist darauf zu achten, dass beim Kopieren in andere Spalten immer wieder auf die vier Werte in den Spalten B bis E in der jeweiligen Zeile zugegriffen wird. Da sich der Spaltenbezug innerhalb der Summe nicht verändern soll, der Zeilenbezug jedoch (beim Kopieren nach unten) angepasst werden muss, ist nur die Spaltenbezeichnung innerhalb der zu bildenden Summe mit einem Dollarzeichen zu versehen:

=B4/SUMME($B4:$E4)

Wenn nur die Spaltenbezeichnung (aber nicht die Zeile) oder nur die Zeilenbezeichnung (aber nicht die Spalte) in einem Bezug fixiert wird, spricht man von einem „gemischten Bezug"[5].

Erst jetzt bestätigen Sie Ihre Formel mit der Return-Taste.

Dass die Formel nicht (wie im Dreisatz) mal 100 gerechnet wird, kennen Sie bereits aus Aufgabe 1 (Punkt 1.2.5). Dies übernimmt in Excel jedoch die Prozentformatierung und erfolgt gemäß Aufgabenstellung daher erst in einem späteren Schritt (siehe unter 3.2.8).

Die Formel kann nun (noch ohne Prozentformatierung) in die darunter stehenden Zellen ebenso wie nach rechts kopiert werden. Dies wird in den Aufgaben 3.2.5, 3.2.6 sowie 3.2.7 gefordert.

Die Vorgehensweise unter Punkt 3.2.8 wird in der Lösung zu Aufgabe 1 (Punkt 1.2.6) ebenso wie in der Lösung zu Aufgabe 2 (Punkt 2.2.9) ausführlich beschrieben.

---

[5] Von einem "absoluten Bezug" spricht man, wenn sowohl die Spalte als auch die Zeile in einem Zellbezug fixiert wird, z. B. $C$15.

Lösung Aufgabe 3: Ausbildungsplätze

3.2.9 Ergänzen Sie in der Spalte J als Überprüfung eine Spalte „Summe Prozent" und addieren Sie jeweils für die Zeilen 4 bis 14 die vier Prozentwerte. Formatieren Sie diese Spalte ebenfalls im Format „Prozent", aber ohne Nachkommastellen.

Die Spalte J wird bislang noch nicht verwendet. Schreiben Sie also in Zelle J3 Ihre Überschrift „Summe Prozent", gerne mit einem Zeilenumbruch, damit die Überschrift zusammen mit der bereits eingegebenen Tabelle gefällig wirkt.

Klicken Sie in die Zelle J4 und bilden Sie die Summe der 4 Prozentwerte, die Sie zuvor in den Spalten F bis I haben errechnen lassen. Die Formel lautet:

=SUMME(F4:I4)

und kann ohne weitere Anpassungen in die Zellen J5 bis J14 kopiert werden. Wie Sie bereits wissen, berechnet Excel in einer Zelle, die noch kein hinterlegtes Prozentformat besitzt, zunächst nicht mal 100. Daher steht zunächst – in der noch nicht formatierten Zelle – der Wert 1. Sobald Sie die Zellen J4 bis J14 in Prozent formatiert haben, erhalten Sie den gewünschten Wert von 100 %:

	A	F	G	H	I	J
1	Bewerber um					
2						
3	Jahr	Büroberufe in Prozent	Groß- und Außenhandel in Prozent	Einzelhandel in Prozent	Lagerlogistik in Prozent	Summe Prozent
4	2001	41,39%	23,08%	27,84%	7,69%	100%
5	2002	38,10%	18,73%	29,21%	13,97%	100%
6	2003	34,75%	15,25%	37,23%	12,77%	100%
7	2004	50,35%	16,55%	26,34%	6,76%	100%
8	2005	53,29%	12,24%	26,76%	7,71%	100%
9	2006	45,69%	7,93%	30,77%	15,62%	100%
10	2007	44,28%	14,04%	30,02%	11,66%	100%
11	2008	34,59%	17,52%	32,59%	15,30%	100%
12	2009	39,42%	17,01%	33,61%	9,96%	100%
13	2010	43,73%	14,95%	27,33%	13,99%	100%
14	2011	45,06%	15,91%	30,32%	8,71%	100%
15	Summe					
16	Durchschnitt					

3.2.10 Lassen Sie im Zellbereich F4 bis I14 mittels bedingter Formatierung Prozentwerte ab 50% in blauer und fett formatierter Schrift sowie Prozentwerte, die kleiner als 10% sind, in orangefarbener und fett formatierter Schrift ausgeben.

Eine bedingte Formatierung formatiert die Schrift oder den Hintergrund einer Zelle in Abhängigkeit eines Formelergebnisses. Markieren Sie den gesamten Bereich, in dem die bedingte Formatierung gelten soll, hier also den Bereich von F4 bis I14.

Wählen Sie im Menü „Start" den Befehl „Bedingte Formatierung" und wählen Sie dort „Neue Regel" aus:

Lösung Aufgabe 3: Ausbildungsplätze

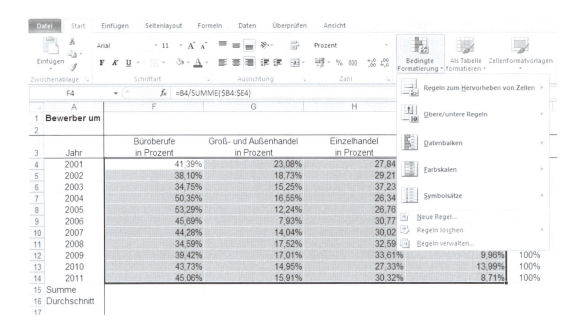

In der ersten Bedingung wählen Sie für den Regeltyp „Nur Zellen formatieren, die enthalten" folgende Einstellungen:

Zellwert ist => größer oder gleich[6] => 50% (oder 0,5)

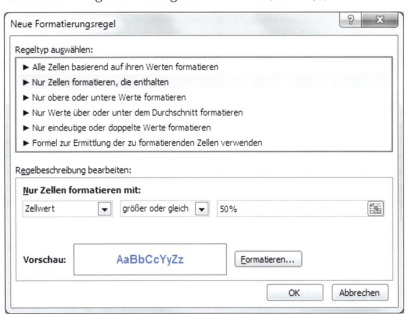

Dann klicken Sie auf die Schaltfläche „Formatieren" und legen fest, dass diese Werte blau und fett dargestellt werden sollen.

Wählen Sie anschließend erneut den Befehl „Bedingte Formatierung" => „Neue Regel", um eine 2. Bedingung hinzuzufügen:

Zellwert ist => kleiner als => 10% (oder 0,1)

---

[6] Die Formulierungen „ab" oder „mindestens" bedeuten immer, dass der genannte Wert einzuschließen ist. Daher wählen Sie nicht „größer als", sondern „größer oder gleich"

Lösung Aufgabe 3: Ausbildungsplätze

Wenn Sie eine 2. neue Regel erstellen, bleibt Ihre 1. Regel selbstverständlich gespeichert. Eine Überprüfung nehmen Sie vor, indem Sie im Auswahlfeld „Bedingte Formatierung" den Befehl „Regeln verwalten" auswählen. Hier können Sie über den Befehl „Regel bearbeiten" gegebenenfalls auch noch Änderungen vornehmen.

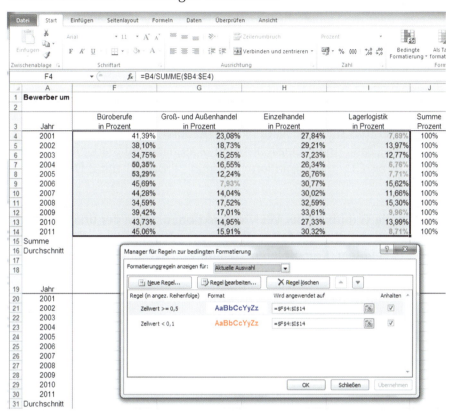

3.2.11 Ermitteln Sie in der Zelle C20 die Anzahl der Bewerber ohne Hochschulreife im Jahr 2001. Kopieren Sie diese Formel in die Zellen C21 bis C30.

In der Zelle C20 bilden Sie die Differenz der Gesamtbewerber und der Bewerber mit Hochschulreife:

=D20-B20

Die Formel kann ohne weitere Anpassungen nach unten kopiert werden.

3.2.12 Ermitteln Sie in Zelle E20 den prozentualen Anteil der Bewerber ohne Hochschulreife im Jahr 2001. Kopieren Sie diese Formel in die Zellen E21 bis E30.

Den prozentualen Anteil der Bewerber ohne Hochschulreife berechnen Sie, indem Sie diese Anzahl der Bewerber ins Verhältnis zu der Gesamtbewerberzahl eines Jahres setzen.
„Ins Verhältnis zu" übersetzen Sie für Ihre Berechnung grundsätzlich mit der Rechenoperation „geteilt durch". In der Zelle E20 lautet Ihre Formel somit:

=C20/D20

Möglicherweise sind Sie daran gewöhnt, dass der Nenner bei prozentualen Anteilsberechnungen als absoluter Bezug eingestellt wird. In diesem Falle ist das jedoch nicht sinnvoll, weil sie nicht den einen Gesamtwert haben – sondern jedes Jahr einen neuen. Daher kann die o.g. Formel ohne Anpassungen (ohne absolute oder gemischte Bezüge) in die darunter liegenden Zellen kopiert werden.

Lösung Aufgabe 3: Ausbildungsplätze

3.2.13 Ermitteln Sie in der Zelle B31 den Durchschnitt der Bewerber mit Hochschulreife in den letzten 10 Jahren. Kopieren Sie Ihre Formel in die Zellen C31 bis E31. Formatieren Sie absolute Ergebnisse als Zahl mit zwei Nachkommastellen und Ihr Prozentergebnis im Format „Prozent" mit ebenfalls zwei Nachkommastellen.

Wie unter Punkt 3.2.2 wird der Durchschnitt mit der Funktion MITTELWERT gebildet. In Zelle B31 lautet Ihre Formel:

=MITTELWERT(B20:B30)

Die Formel wird ohne weitere Anpassungen in die übrigen Zellen kopiert.

Nun sollen noch alle Werte in der unteren Tabelle formatiert werden. Markieren Sie zunächst alle absoluten Ergebnisse[7] (das sind Ihre Mittelwert-Ergebnisse) in den Zellen B31 bis D31 und formatieren Sie diese als „Zahl" mit 2 Dezimalstellen. Anschließend markieren Sie die Prozentwerte in den Zellen E20 bis E31 und formatieren diese in „Prozent" mit 2 Dezimalstellen.

3.2.14 Ermitteln Sie in der Spalte G mithilfe der WENN-Funktion, ob eine der drei Noten in den Hauptfächern eine „5" ist. Ist dies der Fall, soll der Text „Zeugnis prüfen" erscheinen, im anderen Fall bleibt das Feld leer. Kombinieren Sie Ihre WENN-Funktion nach Bedarf mit anderen logischen Funktion (Funktionen UND- oder ODER).

Sie haben in das Tabellenblatt „Noten" gewechselt. Klicken Sie in die Zelle G4. Den grundsätzlichen Aufbau einer WENN-Funktion kennen Sie bereits aus Aufgabe 2 (siehe dort unter Punkt 2.2.5 sowie aus dem Vorkurs im Aufgabenteil).

In dieser Aufgabe ist jedoch die Kombination mit einer ODER-Funktion notwendig, weil die Prüfung (mit dem Ergebnis WAHR oder FALSCH) sich nicht nur auf eine, sondern auf mehrere Möglichkeiten bezieht. Als WAHR soll gelten, wenn entweder in Mathe oder in Deutsch oder in Englisch eine „5" steht. Die ODER-Funktion prüft, ob diese Kombination wahr ist und lautet für sich allein betrachtet:

ODER(C4=5;D4=5;E4=5)

Wenn diese Prüfung den Wert WAHR ergibt, dann soll der Text erscheinen „Zeugnis prüfen". Soll der DANN-Wert der WENN-Funktion einen Text ausgeben, so ist dieser innerhalb der Funktion in Anführungszeichen zu setzen.

Wenn in keinem der Felder des Bewerbers eine 5 steht, ergibt die ODER-Prüfung den Wert FALSCH. Dann soll das Feld leer bleiben. Ein leeres Feld ist nicht der Zahlenwert 0! Ein leeres Feld erzeugen Sie, indem Sie in den SONST-Wert der WENN-Funktion Anführungszeichen ohne Inhalt setzen.

Im Ganzen lautet Ihre WENN-Funktion:

=WENN(ODER(C4=5;D4=5;E4=5);"Zeugnis prüfen";" ")

Eine Herausforderung bei verschachtelten oder kombinierten Funktionen ist immer wieder die Klammersetzung. Beachten Sie die farbigen Anzeigen in der Bearbeitungszeile (s. Abbildung auf der folgenden Seite), diese helfen Ihnen den Überblick zu behalten: Die öffnende und die schließende Klammer der eingebundenen ODER-Funktion werden in Grün angezeigt (zugegeben, man muss schon genau hinschauen ☺)

---

[7] Der Begriff „absolute Ergebnisse" ist nicht mit „absoluten Bezügen" zu verwechseln. Absolute Zahlen sind – im Gegensatz zu Prozentzahlen (Prozentwerten), die sich im Zahlenbereich von 0 – 100 bewegen – Zahlen mit einem nach oben offenen Wertebereich, z. B. Stückzahlen, alle Euro-Werte sowie Zahlen ohne jede Einheitsangabe.

Lösung Aufgabe 3: Ausbildungsplätze

	A	B	C	D	E
	SUMME	▾ ✗ ✓ fx	=WENN(ODER(C4=5;D4=5;E4=5);"Zeugnis prüfen";"")		
1	Schulnoten Bewerber Vorstellungsgespräch				
2					
3		Ausbildungs-beruf	Mathe	Deutsch	Englisch
4	Anselm, Britta	BK	2	2	3

3.2.15 Ermitteln Sie in der Spalte H unter Verwendung der WENN-Funktion den Durchschnittswert der beiden Sprachnoten (Deutsch und Englisch) für diejenigen Bewerber, die sich als Bürokaufmann/Bürokauffrau oder als Kaufmann/Kauffrau für Bürokommunikation bewerben. Bei den Bewerbern auf andere Berufe bleibt das Feld leer.

Bislang haben wir nur mit WENN-Funktionen gearbeitet, die in der Prüfung die Größe einer Zahl abgeprüft haben. Ebenso kann aber auch ein Textwert geprüft werden. In diesem Fall soll nur dann eine Zahl ausgegeben werden, wenn der Text in der Zelle B4 den Wert „BK" annimmt, sonst soll das Feld leer bleiben.

Mit dem Wissen aus Punkt 3.2.14 lautet die Formel also – bis auf den noch fehlenden DANN-Wert in der Mitte:

=WENN(B4="BK";_____;" ")

Wenn der Prüfwert den Wert WAHR ergibt (also das Feld B4 den Wert „BK" enthält), dann soll der Durchschnitt der beiden Sprachnoten gebildet werden, nämlich der MITTELWERT aus D4 und E4.

Die gesamte WENN-Funktion mit Prüfung, DANN-Wert und SONST-Wert lautet somit:

=WENN(B4="BK";MITTELWERT(D4:E4);" ")

3.2.16 Ermitteln Sie in der Spalte I für die Bewerber auf einen Ausbildungsplatz als Kaufleute im Groß- und Außenhandel sowie im Einzelhandel die Durchschnittsnote für die Fächer Mathe und Englisch.

Nun wird die Prüfung der WENN-Funktion wieder mit der ODER-Funktion verknüpft. Die Prüfung allein lautet:

ODER(B4="GA";B4="EK")

Eingesetzt in Ihre WENN-Funktion ergibt sich:

=WENN(ODER(B4="GA";B4="EK");MITTELWERT(C4;E4);" ")

Lösung Aufgabe 3: Ausbildungsplätze

3.2.17 Bei den Fachkräften für Lagerlogistik sollen geringere Anforderungen gelten. Englisch spielt keine Rolle. Wenn die Noten sowohl in Mathe als auch in Deutsch aber schlechter sind als 3, soll die Meldung „Bewerbung prüfen" erscheinen. Im anderen Fall soll der Text „Mathe/Deutsch mind. 3" erscheinen. Für die Bewerber auf Ausbildungsplätze in anderen Berufsfeldern bleibt das Feld leer.

Analog zur ODER-Funktion gibt es auch eine UND-Funktion. Diese wird zur Prüfung eingesetzt, wenn nicht nur entweder der eine oder der andere Wert wahr sein soll, sondern wenn mehrere Bedingungen gleichzeitig erfüllt sein müssen.

In unserem Fall lautet die Prüfung für unsere WENN-Funktion:

UND(C4>3;D4>3)

Für die Fachkräfte für Lagerlogistik lautet die WENN-Funktion dann:

WENN(UND(C4>3;D4>3);"Bewerbung prüfen";"Mathe/Deutsch mind. 3")

Dies ist allerdings nur für die Fachkräfte für Lagerlogistik zu prüfen, so dass die Wenn-Funktion zusätzlich verschachtelt werden muss. Wenn der Eintrag in Zelle B4 nicht „LA" lautet, dann muss das Feld erneut leer bleiben. Die vollständige Formel lautet:

=WENN(B4="LA";WENN(UND(C4>3;D4>3);"Bewerbung prüfen";"Mathe/Deutsch mind. 3");"")

	A	B	C	D	E	F	J
1	Schulnoten Bewerber Vorstellungsgespräch						
2							
3		Ausbildungsberuf	Mathe	Deutsch	Englisch		Mathe/Deutsch bei LA
4	Anselm, Britta	BK	2	2	3		=WENN(B4="LA";WENN

3.3 Darstellung statistischer Daten

3.3.1 Kopieren Sie Ihr fertig gestelltes Tabellenblatt „Bew_Ausbildung" zweimal. Die erste Tabellenregister-Kopie benennen Sie in „Auswertung Hochschulreife" um. Die zweite Kopie benennen Sie in „Auswertung Berufe" um.

Klicken Sie mit der rechten Maustaste das Tabellenregister „Bew_Ausbildung" und wählen Sie im Kontextmenü den Befehl „Verschieben/kopieren". Im daraufhin angezeigten Dialogfenster wählen Sie die unten angezeigte Option „Kopie erstellen" per Mausklick in das vorgesehene Kästchen aus. Dann klicken Sie auf OK.

Wiederholen Sie den Vorgang, um eine zweite Kopie zu erstellen.

Durch Doppelklick auf den Namen des Tabellenblattes (siehe auch Lösung zu Aufgabe 2 unter Punkt 2.1.2) markieren Sie jeweils den Namen und überschreiben diesen mit der vorgegebenen Bezeichnung.

Lösung Aufgabe 3: Ausbildungsplätze

3.3.2 Wechseln Sie in das Tabellenblatt „Auswertung Hochschulreife". Löschen Sie die Zeilen 3 bis 18.

Für das in diesem Tabellenblatt zu erzeugende Diagramm werden die Zeilen 3 bis 18 nicht benötigt. Bevor Sie diese löschen, stellen Sie sicher, dass Sie sich im richtigen Tabellenblatt befinden – nicht, dass Sie Ihre bisherige Arbeit im Tabellenblatt „Bew_Ausbildung" vernichten!

Zum Löschen der Zeilen werden diese zuvor markiert. Im Bereich der Markierung führen Sie einen Rechtsklick aus und wählen den Befehl „Zellen löschen". Die vorher untenstehende Tabelle steht nun an der Stelle der gelöschten Tabelle.

3.3.3 Heben Sie die Fixierung in diesem Tabellenblatt auf.

Eine Fixierung schafft Übersichtlichkeit in großen Tabellenblättern, die nicht auf einem Bildschirm angezeigt werden können. Durch das Löschen der Zeilen 3 bis 18 wird die Tabelle jedoch wieder sehr viel kleiner und die Fixierung kann aufgehoben werden. Bei der Erstellung des Diagramms kann das hilfreich sein.

Zum Aufheben der Markierung müssen Sie sich nur im richtigen Tabellenblatt befinden. An welcher Stelle Ihr Cursor steht, ist hingegen unerheblich. Wählen Sie im Menü „Ansicht" im Auswahlfeld „Fenster einfrieren" den Befehl „Fixierung aufheben".

3.3.4 Erstellen Sie ein Kreisdiagramm, das den Durchschnittswert der Bewerber mit Hochschulreife den Bewerbern ohne Hochschulreife gegenüberstellt. Geben Sie dem Diagramm eine aussagekräftige Überschrift und formatieren Sie die Datenbeschriftungen in Prozent mit zwei Nachkommastellen. Die Legende soll links vom Diagramm platziert werden.

Wie wichtig die korrekte Markierung der Daten vor dem Erstellen eines Kreisdiagramms ist, wurde bereits in der Lösung zu Aufgabe 2 (siehe unter 2.3.1) ausführlich geschildert.

In dieser Aufgabenstellung wird gefordert, die Durchschnittswerte der Bewerber mit Hochschulreife mit denen der Bewerber ohne Hochschulreife zu vergleichen. In der Legende sollen die Überschriften dieser beiden Spalten erscheinen, um die Datenreihen zu beschreiben.

Beginnen Sie Ihre Markierung immer mit den Überschriften, die später die Legende bilden sollen, hier also die Zellen B3 bis C3. Anschließend (nicht schon vorher!) halten Sie die STRG-Taste gedrückt und markieren dann die beiden Mittelwerte in den Zellen B15 bis C15.

Wenn Sie diese Markierung gesetzt haben, erstellen Sie ein Kreisdiagramm wie in Aufgabe 2.3 beschrieben

Lösung Aufgabe 3: Ausbildungsplätze

Wenn Sie das Diagramm fertig gestellt und unter Ihre Tabelle gezogen haben[8], führen Sie einen Rechtsklick auf eine der Prozentzahlen aus, um diese noch mit 2 Nachkommastellen zu formatieren. Achten Sie darauf, ob beide Zahlen markiert worden sind. Wählen Sie im Kontextmenü den Befehl „Datenbeschriftungen formatieren". Nun können Sie noch weitere Optionen hinzufügen oder ändern.

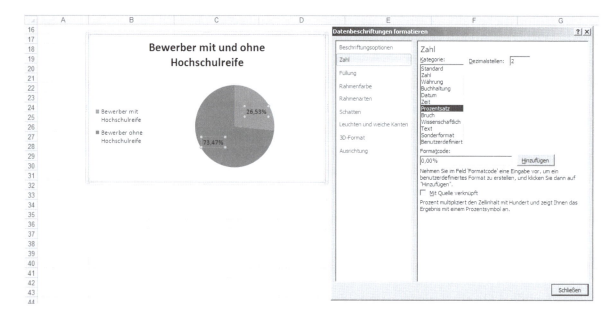

3.3.5 Wechseln Sie in das Tabellenblatt „Auswertung Berufe". Löschen Sie die Zeilen 19 bis 31 sowie die Spalten F bis J. Heben Sie die Fixierung auf.

Sie gehen analog zur Aufgabenstellung unter 3.3.2 vor.

3.3.6 Erstellen Sie ein Liniendiagramm mit Datenpunkten, das die Entwicklung der absoluten Bewerberzahlen in den 4 Ausbildungsberufen des Unternehmens darstellt. Als X-Achse sollen die Jahreszahlen dargestellt werden. Geben Sie dem Diagramm eine aussagekräftige Überschrift und formatieren Sie die Zeichnungsfläche ohne Hintergrund. Die Legende soll unterhalb des Diagramms angezeigt werden.

Auch beim Liniendiagramm sollten Sie zuerst die im Diagramm zu verwendenden Zellen markieren. Für die Legende werden gemäß Aufgabenstellung die Jahreszahlen (Zellen A4 bis A14) benötigt. Da diese erste Spalte mit den Jahresangaben jedoch Zahlen und keine Texte enthält, wird Excel nicht erkennen, dass es sich um die Legende handeln soll. Wenn die erste Spalte nur Texte enthält, wird sie von Excel übrigens ohne Probleme als Legende erkannt.

Wir markieren in diesem Beispiel also die vier Datenreihen einschließlich der Überschriften, also den Bereich von B3 bis E14. Dann wählen Sie im Menü „Einfügen" das Diagrammsymbol für Liniendiagramme und entscheiden sich für das erste Liniendiagramm mit Datenpunkten.

Um nun noch die Jahreszahlen als Legende hinzuzufügen, rufen Sie per Rechtsklick (auf das Diagramm) das Dialogfeld „Daten auswählen" aus. In der linken Spalte sehen Sie hier Ihre vier Datenreihen mit den Legendeneinträgen. In der rechten Spalte (für die Beschriftung der Rubrikenachsen, also die X-Achse) klicken Sie nun auf „Bearbeiten".

---

[8] Mit gedrückter linker Maustaste im weißen Bereich des Diagramms können Sie dieses in Ihrem Tabellenblatt an die gewünschte Position – zum Beispiel unter die Tabelle – ziehen.

Lösung Aufgabe 3: Ausbildungsplätze

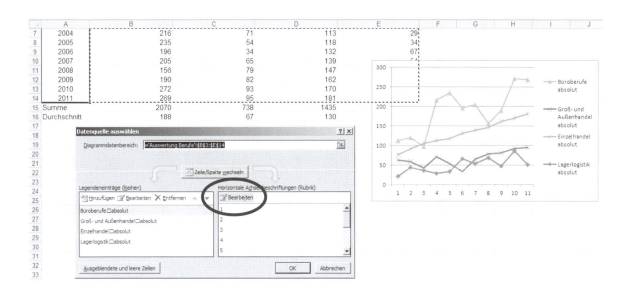

Nun können Sie im Hintergrund die Jahreszahlen markieren (Zellen A4 bis A14) und sehen in der Vorschau sofort, dass die Legende nun korrekt angezeigt wird. Mit einem Rechtsklick auf die Achse können Sie nun mit dem Befehl „Achse formatieren" noch weitere Einstellungen vornehmen, zum Beispiel die Veränderung der Textrichtung.

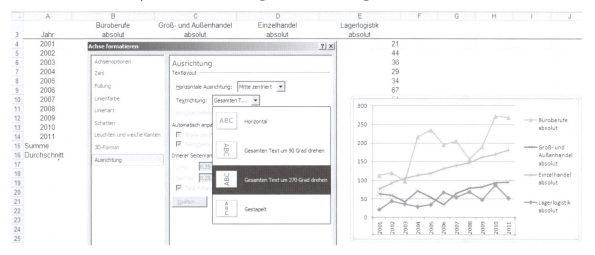

3.4 Stellungnahme

3.4.1 Fügen Sie im Tabellenblatt „Noten" ein Textfeld ein.

Um in Excel ein Textfeld einzufügen, wählen Sie im Menü „Einfügen" das Symbol „Textfeld" aus. Der Mauszeiger nimmt die Form eines länglichen Kreuzes an. Führen Sie Ihren Mauszeiger in den Tabellenbereich und ziehen Sie an geeigneter Stelle ein Textfeld in der gewünschten Größe auf.

Das Textfeld können Sie verschieben, wenn Sie auf dem Rand des markierten Textfeldes einen Vierfach-Pfeil erzeugen, und Sie können es nachträglich vergrößern oder verkleinern, wenn Sie auf einem der weißen Eckpunkte einen Doppelpfeil erzeugen.

Lösung Aufgabe 3: Ausbildungsplätze

	A	B	C	D	E	F	G	H	I	J
3		Ausbildungs-beruf	Mathe	Deutsch	Englisch		Note 5 alle	Deutsch/Englisch bei BK	Mathe/Englisch bei GA/EK	Mathe/Deutsch bei LA
4	Anselm, Britta	BK	2	2	3			2,5		
5	Bertram, Lisa	BK	4	2	1			1,5		
6	Czerny, Susanne	BK	2	3	2			2,5		
7	Dorian, Hendrik	GA	2	2	5		Zeugnis prüfen		3,5	
8	Erdmann, Klaus-Peter	LA	4	4	4					Bewerbung prüfen
9	Friedrich, Tania	BK	1	2	1			1,5		
10	Gustmann, Ulrike	GA	1	2	5		Zeugnis prüfen		3	
11	Herzig, Marie-Ann	GA	2	2	2				2	
12	Jurenko, Olga	BK	2	3	1			2		
13	Karl, Sandra	LA	4	3	4					Mathe/Deutsch mind. 3
14	Ludwig, Petra	BK	1	1	2			1,5		
15	Menzel, Annette	GA	3	2	2				2,5	
16	Neumann, Andrea	GA	2	3	2				2	
17										
18	Bedeutung Abkürzungen:						**Stellungnahme:** Die meisten der eingeladenen Bewerber in den Büroberufen haben in den Fächern Deutsch und Englisch einen Notendurchschnitt von 2 oder besser. Lediglich zwei von sechs Bewerbern haben einen Durchschnitt von 2,5 bezogen auf diese beiden Fächer. Einen schlechteren Durchschnitt als 2,5 hat keiner der Bewerber. Bei den Bewerbern um einen Ausbildungsplatz als Kaufmann/Kauffrau im Groß- und Außenhandel haben tatsächlich nur zwei von fünf Bewerbern einen Notendurchschnitt von 2 bezogen auf diese beiden Fächer. Einen besseren Notendurchschnitt hat kein Bewerber. Die anderen drei Bewerber haben einen Notendurchschnitt zwischen 2,5 und 3,5. gez. Petra Prüfling			
19	BK	Bürokaufmann / Kfm. für Bürokommunikation								
20	GA	Groß- und Außenhandelskaufmann								
21	EK	Einzelhandelskaufmann								
22	LA	Fachkraft für Lagerlogistik								

Denken Sie bei Auswahl von Größe und Platzierung daran, dass Sie später alle Aufgabenteile übersichtlich anordnen müssen, um einen gut lesbaren Ausdruck zu erzeugen.

3.4.2. Nehmen Sie Stellung zu der Vermutung von Frau Czepek bezüglich der Noten. Formulieren Sie in vollständigen Sätzen, nicht stichwortartig. Achten Sie auf eine gute Ausdrucksweise und übersichtliche Darstellung.

An dieser Stelle sind nicht Ihre Excel-Kenntnisse, sondern Ihr Zahlenverständnis sowie Ihre Fähigkeiten, einen Sachverhalt zutreffend und prägnant zu formulieren, gefordert. Ein Formulierungsvorschlag für die vorliegende Aufgabenstellung lautet:

Stellungnahme:

Die meisten der eingeladenen Bewerber in den Büroberufen haben in den Fächern Deutsch und Englisch einen Notendurchschnitt von 2 oder besser: Lediglich zwei von sechs Bewerbern haben einen Durchschnitt von 2,5 bezogen auf diese beiden Fächer. Einen schlechteren Durchschnitt als 2,5 hat keiner der Bewerber.

Bei den Bewerbern um einen Ausbildungsplatz als Kaufmann/Kauffrau im Groß- und Außenhandel haben tatsächlich nur zwei von fünf Bewerbern einen Notendurchschnitt von 2 bezogen auf diese beiden Fächer. Einen besseren Notendurchschnitt hat kein Bewerber. Die anderen drei Bewerber haben einen Notendurchschnitt zwischen 2,5 und 3,5.

gez. Petra Prüfling

3.5 Seitenlayout und Druck

Eine ausführliche Erklärung der Vorgehensweise zu Seitenlayout und Ausdruck finden Sie unter Lösung 1.3.

Lösung Aufgabe 4: Auswertungen Personalabteilung

4.1 Vorbereiten der Daten

4.1.1 Löschen Sie die Tabellenblätter, die Sie nicht benötigen.

Markieren Sie – mithilfe der STRG-Taste – die Tabellenblätter „Arbeitsunfälle", „Bew_Ausbildung", „Beitragssatz_AG" sowie „Beitragssatz_AN", um sie anschließend zu löschen. Den Befehl erzeugen Sie mit einem Rechtsklick auf die Markierung.

Kontrollieren Sie, ob alle benötigten Tabellenblätter in Ihrer Datei erhalten geblieben sind. Ein häufiger Fehler ist, dass die STRG-Taste zu früh gedrückt wird. Richtig ist, diese Taste erst nach dem Markieren des ersten zu löschenden Tabellenblattes zu drücken.

4.1.2 Kopieren Sie das Tabellenblatt „Personalliste" und benennen Sie Ihre Kopie in „Geburtstagsliste" um. Löschen Sie in diesem Tabellenblatt die Spalten E bis L. Ergänzen Sie positionsgerecht in den Spalten E bis I die Überschriften wie in Anlage 1 vorgegeben. Übernehmen Sie auch die Formatierungen gemäß dieser Vorlage. Die Höhe der Zeile 3 soll 60,00 (80 Pixel) betragen.

Mit einem Rechtsklick auf das Tabellenblatt „Personalliste" wählen Sie den Befehl „Verschieben oder kopieren" aus dem Kontextmenü. Klicken Sie die Option „Kopie erstellen" an. Wenn Ihre Kopie erstellt ist, erzeugen Sie auf dem Namen des Tabellenblattes einen Doppelklick, um diesen in „Geburtstagsliste" ändern zu können.

Sie markieren die Spalten E bis L und erzeugen mit der rechten Maustaste auf dem markierten Bereich ein Kontextmenü. Hier wählen Sie den Befehl „Zellen löschen".

Die Zeilenhöhe passen Sie an, indem Sie Ihren Mauszeiger an den unteren Rand des Zeilenkopfes der Zeile 3 führen, dort einen waagerechten Mauszeiger mit Doppelpfeil erzeugen:

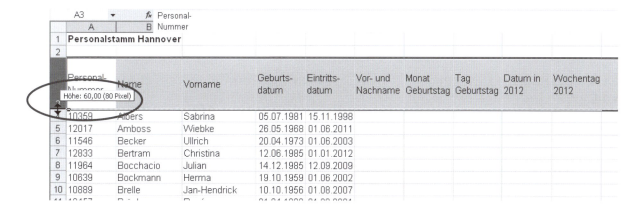

Alternativ können Sie nach dem Markieren der Zeile im Kontextmenü auf den Befehl „Zeilenhöhe" gehen, um im folgenden Dialogfenster Ihre Zeilenhöhe als Zahl einzugeben:

Lösung Aufgabe 4: Auswertungen Personalabteilung

4.1.3 Kopieren Sie erneut das Tabellenblatt „Personalliste" und benennen Sie Ihre Kopie in „Gehaltsauswertung" um. Löschen Sie hierin die Spalten D bis K. Die Entgeltstufe steht nun in Spalte D. Übernehmen Sie positionsgerecht die Angaben einschließlich der Formatierungen gemäß Anlage 2. Die Höhe der Zeile 3 soll wiederum 60,00 (80 Pixel) betragen.

Gehen Sie analog zur Aufgabe 4.1.2 vor. In der Spalte G sollen Sie fortlaufende Zahlen von 1-12 eintragen. Effizient ist es, nur die beiden ersten Werte (in die Zellen G4 und G5) einzutippen und diese beiden zu markieren. Mit dem Mauszeiger auf der rechten unteren Ecke Ihrer Markierung (sog. „Anfasser") erzeugen Sie ein kleines schwarzes Kreuz, das Sie bereits vom AutoAusfüllen bei Formeln kennen. Mit gedrückter linker Maustaste ziehen Sie nach unten, bis Sie am rechten unteren Rand Ihren Endwert (hier: 12) sehen. Sie lassen die Maustaste nun los und Ihre Felder sind mit fortlaufenden Werten gefüllt.

	A	B	C	D	E	F	G	H	I
1	Gehaltsauswertung Mitarbeiter Hannover								
2									
3	Personal-Nummer	Name	Vorname	Entgeltstufe	Höhe Gehalt		Entgeltstufe	Häufigkeit	Gehaltssumme
4	10359	Albers	Sabrina	6			1		
5	12017	Amboss	Wiebke	6			2		
6	11546	Becker	Ullrich	6					
7	12833	Bertram	Christina	8					
8	11964	Bocchacio	Julian	7					
9	10639	Bockmann	Herma	10					
10	10889	Brelle	Jan-Hendrick	12					
11	10457	Brückner	René	9					
12	10813	Buchner	Nicola	6				8	
13	10039	Burmeister	Hannah	6					
14	10431	Christensen	Peter	7					
15	12963	Clausen	Jan	6					
16	11328	Dreesen	Julius	7					
17	11695	Drexel	Elias	5			Gesamt		
18	10097	Drösemeyer	Frank	5					

4.1.4 Die Aufgaben 4.1.4 und 4.1.5 lösen Sie in ähnlicher Form wie bereits oben beschrieben.
4.1.5

4.1.6 Fügen Sie in den Tabellenblättern „Geburtstagsliste", „Gehaltsauswertung", „K-Tage" sowie „Betriebszugehörigkeit" in der Fußzeile im linken Abschnitt Ihren Namen ein.
Im mittleren Abschnitt soll automatisch der Dateiname einschließlich Pfadangabe angezeigt werden und im rechten Abschnitt der Name des Tabellenregisterblattes.

Die Vorgehensweise wird in der Lösung zu Aufgabe 1 unter 1.1.2 ausführlich beschrieben.

Lösung Aufgabe 4: Auswertungen Personalabteilung

4.2 Bearbeiten der Daten – Tabellenblatt „Geburtstagsliste"

4.2.1 Lassen Sie in Zelle E4 den Vor- und den Nachnamen mittels Textverkettung anzeigen. Zwischen dem Vor- und dem Nachnamen soll ein Leerzeichen stehen.

Eine Textverkettung ermöglicht Ihnen, dass die Werte aus mehreren Zellen in einer einzigen Zelle in einer gewünschten Reihenfolge zusammengeführt werden. Des Weiteren können zusätzliche Textelemente (s.u. 4.2.4) eingefügt werden, wozu auch ein Leerzeichen gehört – wie in dieser Aufgabe zwischen Vorname und Nachname.

Setzen Sie Ihren Cursor in die Zelle E4. Tippen Sie das Gleichheitszeichen wie zum Beginn einer Formel. Wählen Sie die Funktion VERKETTEN aus, z. B. indem Sie hinter das Gleichheitszeichen „verketten" (Groß- und Kleinschreibung muss nicht beachtet werden) und dann eine öffnende Klammer tippen:

=verketten(

Klicken Sie auf die Zelle C4, in welcher der Vorname der Mitarbeiterin steht. Darauf folgt ein Semikolon, um diesen ersten Eintrag vom nächsten abzugrenzen.

Nach dem Vornamen soll Excel ein Leerzeichen anzeigen. Dies geben Sie in Anführungszeichen eingebettet ein, weil es sich um ein zusätzliches Textelement handelt. Wieder folgt ein Semikolon.

Als drittes und letztes Element dieser Verkettung folgt ein Klick auf die Zelle B4, in welcher der Nachname steht. Mit einer schließenden Klammer und dem Drücken der Return-Taste beenden Sie Ihre Eingabe. Ihre Formel im Ganzen lautet:

=VERKETTEN(C4;" ";B4)

Da sich die Zellbezüge innerhalb dieser Formel mit jedem Mitarbeiter in jeder neuen Zeile verändern sollen, kann die Formel für alle anderen Mitarbeiter nach unten kopiert werden. Das Kopieren von Formeln nach unten wird in der Lösung zu Aufgabe 1 unter 1.2.1 sowie unter 1.2.2 ausführlich beschrieben.

4.2.2 Ermitteln Sie in der Zelle F4 mittels der Funktion MONAT den Monat des Geburtstags.

Die Funktion MONAT filtert aus einem Datum, welches aus den drei Bestandteilen Tag, Monat und Jahr besteht, nur den Monat heraus und gibt ihn als Zahl aus. Dies hat den Vorteil, dass man bei einem Sortiervorgang später nach dem Element Monat sortieren kann.

Die Funktion für die Zelle F4 lautet:

=MONAT(D4)

Die Ausgabe erfolgt grundsätzlich im Zahlenformat, z. B. „Standard" oder „Zahl".

4.2.3 Ermitteln Sie in der Zelle G4 mittels der Funktion TAG den Tag des Geburtstags.

Die Funktion für die Zelle G4 lautet – analog zur Aufgabe 4.2.2 – folgendermaßen:

=TAG(D4)

Lösung Aufgabe 4: Auswertungen Personalabteilung

4.2.4 Lassen Sie mittels Verkettung in der Zelle H4 den Geburtstag im Jahr 2012 ausgeben.

Eine Möglichkeit für die Verkettung kennen Sie schon aus Aufgabe 4.2.1. Sie können eingeben:

=VERKETTEN(G4;".";F4;".";2012)

Die Punkte zwischen den einzelnen Werten sind Textelemente, die in Anführungszeichen stehen müssen. Die Jahreszahl wird als Zahl ohne Anführungszeichen eingeben, damit später aus der Kombination wieder ein – für Excel erkennbares – Datum erzeugt werden kann.

Eine Alternative zu der Funktion VERKETTEN ist das Verbinden mehrerer Elemente mit dem Operator „&". Mithilfe des &-Zeichens lautet Ihre Eingabe:

=G4&"."&F4&"."&2012

Übersichtlicher wird Ihr Datum übrigens angezeigt, wenn Sie die Spalte rechtsbündig ausrichten. Die Aufgabenstellung verlangt dies aber nicht.

4.2.5 Ermitteln Sie in der Zelle I4 den Wochentag des Geburtstags im Jahr 2012. Formatieren Sie Ihr Ergebnis so, dass der Wochentag ausgeschrieben dargestellt wird (z. B. „Montag").

Die Funktion WOCHENTAG ermittelt den Wochentag eines Datums in einem vorgegebenen Jahr. Sie können in einer beliebigen Zelle testen, dass Excel Ihnen mithilfe der HEUTE-Funktion[9] den heutigen Wochentag anzeigt. Geben Sie ein:

=WOCHENTAG(HEUTE())

Bei Ausgabe der Zahl wundern Sie sich vielleicht; denn die Wochentagszählung beginnt in der Standardeinstellung von Excel beim Sonntag (1=Sonntag, 2=Montag, usw.). Der Wochentag wird also korrekt erkannt.

In der vorgegebenen Aufgabe soll der Wochentag des Geburtstags im Jahr 2012 ausgegeben werden. Ihre Funktion lautet:

=WOCHENTAG(H4)

Damit der Wochentag ausgeschrieben formatiert wird, wählen Sie im Dialogfenster „Zellen formatieren" (über das Kontextmenü aufrufen) im Register „Zahlen" die Kategorie „Benutzerdefiniert" und den Typ „TTTT" aus (s. folgende Abbildung).

---

[9] Die Funktion HEUTE bezieht sich nie auf eine bestimmte Zelle, sondern fragt das tatsächlich aktuelle Datum ab. Daher sind die Klammern immer leer und die Eingabe lautet =HEUTE(). Falls Sie Funktion HEUTE einzeln verwenden, wird Ihnen möglicherweise eine fünfstellige Zahl anstelle des erwarteten Datums angezeigt. Formatieren Sie die Zelle in ein Datumsformat, dann wird das aktuelle Datum korrekt ausgegeben.

Lösung Aufgabe 4: Auswertungen Personalabteilung

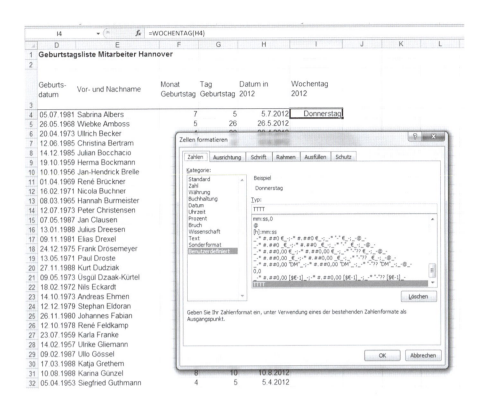

Lösung Aufgabe 4: Auswertungen Personalabteilung

4.2.7 Sortieren Sie in einem Sortiervorgang die Tabelle aufsteigend, und zwar zuerst nach „Monat" und anschließend nach „Tag".

Um eine Geburtstagsliste zu erstellen, möchte man eine Tabelle zunächst aufsteigend nach dem Monat (beginnend im Januar) sortieren lassen und anschließend aufsteigend nach dem Tag. Die dafür notwendigen Vorarbeiten haben Sie bereits geleistet, indem Sie zwei Spalten mit den Funktionen MONAT und TAG haben berechnen lassen.

Für einen Sortiervorgang innerhalb einer Tabelle genügt es, dass Ihr Cursor in dieser Tabelle (an beliebiger Stelle) steht. Eine zusammenhängende – und damit sortierbare – Liste definiert Excel darüber, dass keine leeren Zeilen oder leeren Spalten darin enthalten sind. Unsere Tabelle ist dementsprechend aufgebaut.

Wenn Ihr Cursor innerhalb dieser Liste steht, wählen Sie im „Start"-Menü den Befehl „Sortieren und Filtern" und im Auswahlfeld „Benutzerdefiniertes Sortieren": Hier können Sie die soeben beschriebenen Sortierungsbefehle auswählen.

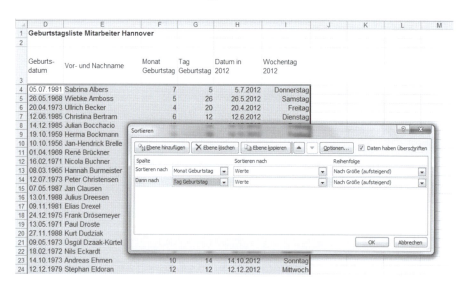

4.2.8 Blenden Sie die Spalten A bis C aus.

Spalten, die für eine bestimmte Tabelle nicht benötigt werden, kann man zur Erhöhung der Übersichtlichkeit ausblenden. Löschen dürfen Sie die Spalten mit Vor- und Nachname allerdings nicht, weil sich die Verkettungsformel in der Spalte E darauf bezieht!

Markieren Sie die Spalten A bis C, indem Sie mit gedrückter linker Maustaste über die drei Spaltenköpfe ziehen. Sie können auch alternativ die Spalte A markieren, dann die UMSCHALT-Taste gedrückt halten und danach die Spalte C anklicken.

Mit der rechten Maustaste im Bereich Ihrer Spaltenmarkierung erzeugen Sie ein Kontextmenü, in welchem Sie den Befehl „Ausblenden" auswählen können.

4.2.9 Geben Sie der Liste in Zelle D1 eine aussagekräftige Überschrift.

Da die Zelle A1 ausgeblendet ist, ist die Überschrift nicht mehr sichtbar – und eine treffendere Überschrift (als „Personalstamm") ist zum Beispiel „Geburtstagsliste" oder „Geburtstage Mitarbeiter".

Lösung Aufgabe 4: Auswertungen Personalabteilung

4.3 Bearbeiten der Daten – Tabellenblatt „Gehaltsauswertung"

4.3.1 Ermitteln Sie in Zelle E4 mithilfe der Funktion SVERWEIS das Gehalt der Mitarbeiterin mit Bezug auf das Tabellenblatt „Gehaltstabelle".

Der SVERWEIS sucht in der am weitesten links gelegenen Spalte einer Tabelle nach einem Wert und gibt in der gleichen Zeile einen Wert aus einer von Ihnen angegebenen Spalte in der Tabelle zurück. Dafür müssen die Datensätze in den beiden Listen nicht in der gleichen Reihenfolge angeordnet sein.

In unserem Beispiel ist in der Personalliste die „Entgeltstufe" für jeden Mitarbeiter angegeben. Sie steht in der Tabelle „Gehaltsauswertung", in der der SVERWEIS angewendet wird, in der Spalte D. In der Tabelle „Gehaltstabelle" steht der Vergleichswert in der ganz linken Spalte. Dies ist die Matrix, in der das Gehalt – der gesuchte Wert – in der Spalte 2 steht.

Damit die Formel später für alle Mitarbeiter kopiert werden kann (siehe Aufgabe 4.3.2), muss die Matrix als absoluter Bezug gekennzeichnet werden. Der gesuchte Wert, also das Gehalt, steht in der Spalte 2.

Der 4. Teil der Formel (Bereich_Verweis) kann die Werte 0 oder 1 annehmen. Immer wenn die Funktion SVERWEIS eine genaue Entsprechung suchen soll (wie in diesem Fall ein genaues Gehalt zu einer bestimmten Entgeltstufe), wird der Wert auf 0 gesetzt.

Die Formel in Zelle E4 lautet dementsprechend:

=SVERWEIS(D4;Gehaltstabelle!$A$4:$B$17;2;0)

4.3.3 Ermitteln Sie in der Zelle B94 mittels der Funktion ANZAHL2 die Anzahl der Mitarbeiter, indem Sie von Excel die Anzahl der Nachnamen berechnen lassen.

Die Funktion ANZAHL2 – im Gegensatz zur Funktion ANZAHL – kann nicht nur Zahlenwerte durchzählen, sondern auch Werte in Textform, z. B. die Namen der Mitarbeiter.

Setzen Sie Ihren Cursor in Zelle B94 und geben Sie folgende Funktion ein:

=ANZAHL2(B4:B92)

4.3.4 Ermitteln Sie in der Zelle E95 mittels der Funktion MITTELWERT das Durchschnittsgehalt der MIKO-Mitarbeiter am Standort Hannover.

Setzen Sie Ihren Cursor in die Zelle E95. Ihre Formel lautet:

=MITTELWERT(E4:E92)

Lösung Aufgabe 4: Auswertungen Personalabteilung

4.3.5 Ermitteln Sie in der Zelle H4 die Häufigkeit der Entgeltgruppen mithilfe der Funktion ZÄHLENWENN. Kopieren Sie Ihre Formel in die Zellen H5 bis H15.

Die Funktionen ANZAHL und ANZAHL2 zählen alle Werte in einem angegebenen Bereich.

Die Funktion ZÄHLENWENN hingegen macht das Zählen einer Häufigkeit von einer Bedingung abhängig, die Sie zuvor festgelegt haben.

Der erste Bestandteil ist der Bereich, in dem gezählt werden soll. Häufig ist dies der Bereich innerhalb einer bestimmten Spalte, hier der Bereich von D4 bis D92, in welchem die Entgeltstufe für jeden der 89 Mitarbeiter angegeben ist.

In der Zeile 4 sollen alle gezählt werden, die die Entgeltstufe 1 haben; dieser Wert steht in der Zelle G4.

Beim Kopieren nach unten soll immer wieder auf die gleiche Matrix zugegriffen werden (absoluter Bezug notwendig), während sich G4 mit jeder neuen Zeile verändern soll (relativer Bezug bleibt). Die kopierfähige Formel lautet:

=ZÄHLENWENN($D$4:$D$92;G4)

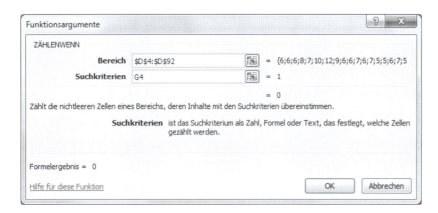

Lassen Sie sich nicht von dem Formelergebnis „0" irritieren! Für die Entgeltstufen 1 bis 4 ist dieses Ergebnis richtig, weil alle 89 Mitarbeiter mindestens in die Entgeltstufe 5 eingeordnet sind.

Lösung Aufgabe 4: Auswertungen Personalabteilung

4.3.6 Ermitteln Sie in der Zelle I4 die Gehaltssumme der jeweiligen Entgeltgruppen mithilfe der Funktion SUMMEWENN. Kopieren Sie Ihre Formel in die Zellen I5 bis I15.

Die Funktion SUMMEWENN arbeitet ähnlich. Sie zählt – wie der Name sagt – aber nicht die Werte, sondern sie addiert sie. Da der zu summierende Bereich von dem Suchkriterium abweicht, muss zusätzlich der Bereich angegeben werden, dessen Werte addiert werden sollen.

In unserem Beispiel werden alle Werte ausgewählt, die das Suchkriterium einer bestimmten Entgeltstufe (Spalte G, für Zeile 4 erneut die Zelle G4) erfüllen. Summiert werden jedoch alle Gehälter, die dieses Kriterium erfüllen; sie stehen im Zellbereich E4 bis E92.

Damit die Formel kopierfähig ist, müssen die beiden Listen, die für jede Zeile gleich sein sollen (die Liste mit den Entgeltstufen von D4 bis D92 ebenso wie die Liste mit den Gehältern von E4 bis E92) mit einem absoluten Bezug versehen werden:

=SUMMEWENN($D$4:$D$92;G4;$E$4:$E$92)

Lösung Aufgabe 4: Auswertungen Personalabteilung

4.3.7 Ermitteln Sie in den Zellen H17 bzw. I17 die Summe der Anzahl der Entgeltstufen (muss der Anzahl der Mitarbeiter entsprechen) bzw. die Summe der Gehälter am Standort Hannover insgesamt.

Die Summe der Häufigkeiten muss natürlich der Anzahl der Mitarbeiter entsprechen und ist somit ein guter Kontrollwert, ob Ihre Formeln in der Spalte H richtig eingegeben wurden. Selbst wenn in der Prüfung eine solche Summierung nicht verlangt wird, kann ein Abgleich für Sie selbst zu Kontrollzwecken sinnvoll sein.

Ebenso verhält es sich mit der Gehaltssumme. Die Summe in der Zelle I17 ergibt sich sowohl aus dem Bereich I4 bis I15 als auch aus dem Bereich E4 bis E92.

Zu Übungszwecken sind Kontrollwerte immer dann sinnvoll, wenn Sie mit den Funktionen (hier: ZÄHLENWENN und SUMMEWENN) bislang nur wenig gearbeitet haben.

H17		fx	=SUMME(H4:H16)		
	D	E	F	G	H	I
1						
2						
3	Entgelt-stufe	Höhe Gehalt		Entgelt-stufe	Häufigkeit	Gehalts-summe
4	6	2.300,00 €		1	0	- €
5	6	2.300,00 €		2	0	- €
6	6	2.300,00 €		3	0	- €
7	8	2.560,00 €		4	0	- €
8	7	2.405,00 €		5	12	25.440,00 €
9	10	2.900,00 €		6	25	57.500,00 €
10	12	3.220,00 €		7	28	67.340,00 €
11	9	2.790,00 €		8	9	23.040,00 €
12	6	2.300,00 €		9	8	22.320,00 €
13	6	2.300,00 €		10	3	8.700,00 €
14	7	2.405,00 €		11	1	3.050,00 €
15	6	2.300,00 €		12	3	9.660,00 €
16	7	2.405,00 €				
17	5	2.120,00 €		Gesamt	89	217.050,00 €
18	5	2.120,00 €				
19	6	2.300,00 €				

4.3.8 Verändern Sie die Überschrift in Zelle A1 und wählen Sie eine aussagekräftigere Überschrift. Formatieren Sie die Überschrift in Arial, 11pt und fett.

Die Überschrift des ursprünglichen Tabellenblattes („Personalstamm Hannover") passt nicht mehr zum Inhalt. Beschreiben Sie Ihre Auswertung, zum Beispiel könnte die Überschrift lauten: „Gehaltsauswertung Mitarbeiter Hannover"

Lösung Aufgabe 4: Auswertungen Personalabteilung

4.4 Bearbeiten der Daten und Stellungnahme – Tabellenblatt „K-Tage"

4.4.1 Ermitteln Sie in der Zelle F4 mithilfe der Funktion SUMMEWENN die Anzahl der Krankheitstage für jeden Wochentag im Jahr 2011.

Die 365 Tage des Jahres 2011 sind im Zellbereich A4 bis A368 vollständig aufgeführt. Wenn Sie auf die Zelle A4 klicken und das Dialogfenster „Zellen formatieren" aufrufen, können Sie sehen, dass Excel bei den angezeigten Wochentagen eine benutzerdefinierte Formatierung „TTTT" hinterlegt ist. Dieses Format zeigt den ausgeschriebenen Wochentag an.

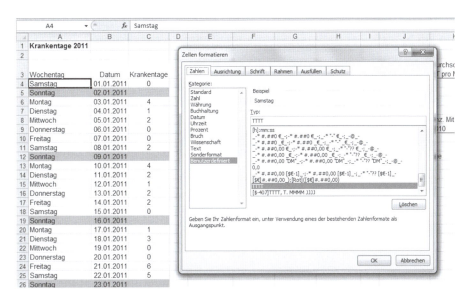

In Abhängigkeit des Wochentages sollen nun die einzelnen Werte der Krankheitstage addiert werden. Die Funktion prüft als Erstes in der Liste von A4 bis A368, um welchen Wochentag es sich handelt.

In der ersten Zeile (Zeile 4) sollen die Krankheitstage an jedem Montag des Jahres gezählt werden. Dieser Wert steht in der Zelle E4.

Addiert werden sollen die Krankheitstage im Zellbereich C4 bis C368. Damit lautet Ihre Formel im Ergebnis:

=SUMMEWENN($A$4:$A$368;E4;$C$4:$C$368)

4.4.2 Kopieren Sie Ihre Formel aus der Zelle F4 für die anderen Wochentage in die Zellen F5 bis F9.

Beachten Sie das korrekte Setzen des absoluten Bezugs für die beiden – beim Kopieren gleich bleibenden – Listen von A4 bis A368 sowie von C4 bis C368.

4.4.3 Bilden Sie in den Zellen F10 und G10 die jeweilige Summe der Krankheitstage in 2011 sowie in 2010.

In der Zelle F10 verwenden Sie die Formel:

=SUMME(F4:F9)

und in der Zelle G10 die Formel:

=SUMME(G4:G9)

Lösung Aufgabe 4: Auswertungen Personalabteilung

4.4.4 Ermitteln Sie in den Zellen F11 und G11 den jeweiligen Durchschnitt der Krankheitstage in 2011 sowie in 2010. Formatieren Sie diese Ergebnisse als Zahl mit 2 Nachkommastellen.

Die korrekten Formeln lauten:

=MITTELWERT(F4:F9) bzw.

=MITTELWERT(G4:G9)

4.4.5 Berechnen Sie in der Zelle H4 die prozentuale Veränderung der Krankheitstage je Wochentag von 2010 auf 2011 (im Vergleich zu den Krankheitstagen in 2010). Kopieren Sie Ihre Formel in die Zellen H5 bis H9. Formatieren Sie die Ergebnisse dieser Formeln in Prozent mit 2 Nachkommastellen.

Die Differenz zwischen dem neuen und dem alten Wert (F4 minus G4) wird ins Verhältnis zum alten Wert (G4 entspricht den 100%) gesetzt. Die Formel lautet:

=(F4-G4)/G4

Die Berechnung von prozentualen Veränderungen wird ausführlicher in der Lösung zu Aufgabe 1 (unter Punkt 1.2.8) erläutert.

Im Dreisatz würden Sie noch mit 100 multiplizieren, aber Ihnen ist mittlerweile bekannt, dass dies im zweiten Schritt über die Prozentformatierung ergänzt wird (vgl. Lösung zu Aufgabe 1 unter 1.2.6 sowie Lösung zu Aufgabe 2 unter 2.2.9)

4.4.6 Ermitteln Sie prozentuale Veränderung ebenfalls für die Veränderung der Summe sowie für die Veränderung des Durchschnittswertes (in den Zellen H10 sowie H11).

Für die prozentuale Veränderung muss im Ergebnis das Gleiche herauskommen wie bei der prozentualen Veränderung der Einzel-Werte. Die Formel lautet analog zu 4.4.5

=(F10-G10)/G10 bzw.

=(F11-G11)/G11

4.4.7 Ermitteln Sie in den Zellen J4 bzw. K4, wie viele Tage jeder Mitarbeiter in den Jahren 2011 bzw. 2010 durchschnittlich krank gemeldet war.

Dieser Durchschnitt ergibt sich, wenn Sie die Anzahl der Krankheitstage eines Jahres ins Verhältnis (bedeutet rechnerisch geteilt durch) zu der Anzahl der Mitarbeiter im gleichen Jahr setzen:

In Zelle J4:   =F10/J10   für das Jahr 2011

In Zelle K4:   =G10/K10   für das Jahr 2010

4.4.8 Ermitteln Sie in der Zelle L4 die prozentuale Veränderung dieses Durchschnittswertes (bezogen auf das Jahr 2010).

Die prozentuale Veränderung des Wertes in K4 (alter Wert von 2010) zu J4 (neuer Wert von 2011) ergibt sich durch die Formel:

=(J4-K4)/K4

Lösung Aufgabe 4: Auswertungen Personalabteilung

4.4.9 Herr Rappolt, Ihr Abteilungsleiter, hat Sie gebeten zu seiner Vermutung Stellung zu nehmen, dass die durchschnittliche Zahl der Krankheitstage in 2011 im Vergleich zu 2010 maßgeblich gestiegen ist. Er ist der Ansicht, dass dieser – von ihm vermutete – Anstieg vor allem durch eine deutlich höhere Mitarbeiterzahl in 2011 (im Vergleich zu 2010) zustande kommt.

Um Stellung zu einer vorgegebenen Aussage zu nehmen, wird in den Prüfungen von Ihnen erwartet, dass Sie im zugehörigen Tabellenblatt ein Textfeld einfügen, an geeigneter Stelle platzieren und einen fehlerfreien sowie aussagekräftigen kurzen Text schreiben.

Das Einfügen einer solchen Stellungnahme wird in der Lösung zu Aufgabe 3 unter Punkt 3.4 ausführlich erläutert.

Eine mögliche Stellungnahme in dieser Aufgabe lautet:

Stellungnahme zur Vermutung von Herrn Rappolt:

Die durchschnittliche Anzahl der Krankheitstage ist im Jahr 2011 - im Vergleich zu 2010 - tatsächlich maßgeblich gestiegen: Von 8,3 Tagen in 2010 auf 9,6 durchschnittliche Krankheitstage in 2011.

Allerdings ist die Mitarbeiterzahl im gleichen Zeitraum nur unwesentlich gestiegen (von 87 Mitarbeitern in 2010 auf 89 Mitarbeiter in 2011). Die Ursache für den Anstieg ist also nicht mit einer Steigerung der Mitarbeiterzahlen am Standort Hannover zu erklären. Aus der vorliegenden Auswertung geht keine Ursache für den Anstieg hervor.

gez. Petra Prüfling

Lösung Aufgabe 4: Auswertungen Personalabteilung

4.5 Bearbeitung der Daten – Tabellenblatt „Betriebszugehörigkeit"

4.5.1 Ergänzen Sie vor Spalte E eine zusätzliche Spalte mit der Überschrift „Eintrittsjahr". Ermitteln Sie mittels der Funktion JAHR dieses Eintrittsjahr in der Zelle E4. Formatieren Sie die Zelle so, dass das Jahr vierstellig (für Sabrina Albers also 1998) angezeigt wird.

Analog zu den Funktionen MONAT und TAG (siehe unter 4.2.2 sowie 4.2.3) gibt es eine Funktion JAHR, die aus einem Datum, welches aus den drei Bestandteilen Tag, Monat und Jahr besteht, nur das Jahr herausfiltert.

Die Funktion in Zelle E4 lautet:

=JAHR(D4)

Möglicherweise erhalten Sie ein Ihnen seltsam erscheinendes Ergebnis:

	A	B	C	D	E	F	G
1	Personalstamm Hannover						
2							
3	Personal-Nummer	Name	Vorname	Eintritts-datum	Eintritts-jahr	Befristung ja/nein	Befristet bis
4	10359	Albers	Sabrina	15.11.1998	20.06.1905	nein	
5	12017	Amboss	Wiebke	01.06.2011		ja	31.05.2013
6	11546	Becker	Ullrich	01.06.2003		nein	
7	12833	Bertram	Christina	01.01.2012		ja	31.12.2014
8	11964	Bocchacio	Julian	12.09.2009		nein	

Das liegt an folgender Excel-„Eigenheit". Wenn Sie eine zusätzlich Spalte einfügen, übernimmt diese standardmäßig das gleiche Format wie die links daneben liegende Spalte. In unserem Fall wäre dies das Datumsformat TT.MM.JJJJ.

Nun lautet das Ergebnis der angewendeten Funktion jedoch 1998. Der Zahl 1998 – ohne Hinblick auf ihre Verwertung als Jahreszahl – entspricht in Excel ein Datum, wie jeder anderen Zahl auch.

Der Zahl 1 entspricht das Datum 01.01.1900, der Zahl 2 das Datum 02.01.1900 usw. Und der Zahl 1998 (teilen Sie mal die Zahl 1998 durch 365 Tage eines Jahres, dann erhalten Sie ca. 5,5 Jahre) entspricht in dieser Systematik ein Datum Ende Juni im 5. Jahr der Excel-Zeitzählung – nämlich der 20.06.1905.

Damit wir die Zahl 1998 in unserer Zelle stehen haben, formatieren wir die Zelle einfach als „Standard"-Zahl. Wählen Sie wie gewohnt den Befehl „Zellen formatieren" aus und klicken Sie im Register „Zahl" auf die Kategorie „Standard" (s. folgende Abbildung):

Lösung Aufgabe 4: Auswertungen Personalabteilung

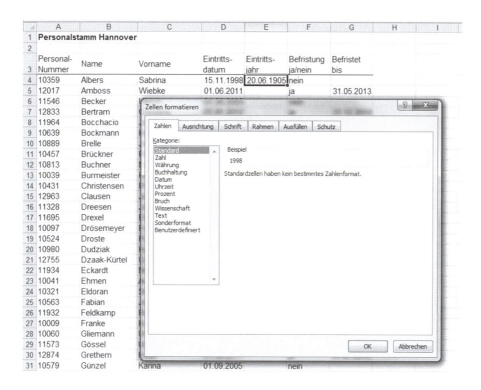

4.5.2 Kopieren Sie die Formel einschließlich der korrekten Formatierung in Spalte E für alle Mitarbeiter.

Die korrekte Formatierung haben Sie soeben erzeugt. Nun können Sie die Formel für die gesamte Spalte E kopieren.

Lösung Aufgabe 4: Auswertungen Personalabteilung

4.5.5 **Ermitteln Sie in der Zelle H6 mithilfe der Funktion ABRUNDEN die Betriebszugehörigkeit in vollen Jahren zum 30.06.2012 (angefangene Jahre werden abgerundet).**

Bevor Sie die Funktion ABRUNDEN einsetzen, gilt es zu überlegen, wie Sie die Betriebszugehörigkeit ermitteln können. Sie bilden die Differenz zwischen dem in Zelle B2 (30.06.2012) vorgegebenen Datum und dem Eintrittsdatum.

Da Excel Datumsdifferenzen in einer Anzahl von Tagen angibt, muss das hieraus resultierende Zwischenergebnis noch durch 365 geteilt werden:

=(B2-D6)/365

Um die Formel kopierfähig zu machen, ist der Wert in Zelle B2 mit einem absoluten Bezug zu versehen.

Nun muss noch die Rundungsfunktion eingesetzt werden. Die Aufgabenstellung gibt bereits einen Hinweis auf die Funktionsweise der Funktion ABRUNDEN. Excel kennt verschiedene Rundungsfunktionen:

RUNDEN	rundet kaufmännisch
AUFRUNDEN	rundet immer auf, egal wie klein der Wert der nachfolgenden Stelle ist
ABRUNDEN	rundet immer ab

In der Funktion müssen Sie zum einen angeben, welche Zelle bzw. welches Formelergebnis gerundet werden soll und zum anderen auf wie viele Stellen gerundet werden soll. Wenn auf ganze Zahlen zu runden ist – wie in dieser Aufgabenstellung – lautet die Formel:

=ABRUNDEN(($B$2-D6)/365;0)

Diese Formel können Sie in die darunter stehenden Zellen kopieren.

4.6 Seitenlayout und Druck

Eine ausführliche Erklärung der Vorgehensweise zu Seitenlayout und Ausdruck finden Sie unter Lösung 1.3.

Lösung Aufgabe 5: Kosten- und Umsatzentwicklung

5.1 Vorbereiten der Daten

5.1.1 Benennen Sie das vorhandene Tabellenblatt um in „2007-2011".

Klicken Sie doppelt auf den Tabellenregister-Namen „Filiale WHV" und überschreiben Sie diesen mit „2007-2011". Klicken Sie in das Tabellenblatt hinein, um Ihre Eingabe zu beenden.

5.1.2 Zentrieren Sie die Überschrift über der gesamten Tabelle, indem Sie die Zellen A1 bis F1 verbinden.

Markieren Sie die Zellen A1 bis F1. Klicken Sie anschließend auf das Symbol „Verbinden und zentrieren".

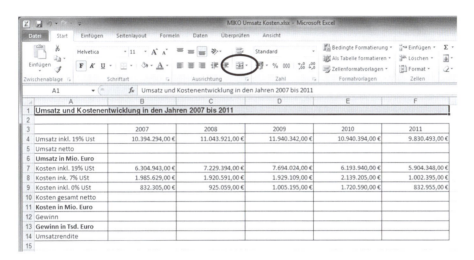

5.1.3 Fügen Sie in der Fußzeile im rechten Abschnitt Ihren Namen ein.

Siehe Lösung 1.1.2

5.2 Bearbeiten der Daten

5.2.1 Ermitteln Sie den Nettoumsatz für das Jahr 2007 in der Zelle B5 und kopieren Sie Ihre Formel in die Zellen C5 bis F5.

In dem angegebenen Umsatz „inklusive Umsatzsteuer" sind 19% Umsatzsteuer enthalten. Aber Vorsicht:

Dies sind nicht 19% von dem angegebenen Brutto-Betrag. Wenn angegeben ist „inkl. Umsatzsteuer" (oder „inkl. „Mehrwertsteuer"), sind immer 19% vom Netto-Betrag gerechnet worden:

	Netto	100%
+	Umsatzsteuer	19%
=	Brutto	119%

Um den Nettoumsatz zu ermitteln, muss daher von 119% ausgegangen werden. Die Formel in Zelle B5 lautet:

=B4/1,19 oder

=B4/119*100

Lösung Aufgabe 5: Kosten- und Umsatzentwicklung

Neben dem relativen Bezug B4 enthält diese Formel nur feste Werte, sodass sie ohne weitere Anpassungen in die Zellen C5 bis F5 kopiert werden kann.

5.2.2 Ermitteln Sie in der Zelle B10 die Netto-Gesamtkosten für 2007 und kopieren Sie Ihre Formel in die Zellen C10 bis F10.

In dieser Aufgabe gilt analog: Die Brutto-Kosten inklusive 19% in Zelle B7 sind 119% und Brutto-Angaben inklusive 7% in Zelle B8 sind dementsprechend 107%.

Die Kosten ohne Umsatzsteuer sind einfach hinzuzuaddieren. Die kopierfähige Formel in Zelle B10 lautet daher:

=B7/1,19+B8/1,07+B9

5.2.3 Ermitteln Sie in der Zeile 12 den Gewinn für die Jahre 2007 bis 2011.

Der Gewinn wird immer aus Netto-Werten ermittelt. Sie bilden also die Differenz zwischen Umsatz und Kosten:

=B5-B10

Die Formel wird für alle Jahre kopiert.

5.2.4 Um die hohen Euro-Werte übersichtlicher darzustellen, sollen in den Zeilen 6 und 11 der Umsatz bzw. die Kosten in „Mio. EUR" mit 2 Nachkommastellen ausgegeben werden. Erstellen Sie ein entsprechendes Zahlenformat.

Die Millionenwerte – z. B. 8.734.700,84 Euro – sollen ohne die sieben Stellen der ganzen Zahl angezeigt werden, also als 8,73 Mio. Dazu ist es notwendig, die Zahl zunächst durch 1.000.000 zu teilen. In Zelle B6 berechnen Sie daher:

=B5/1000000

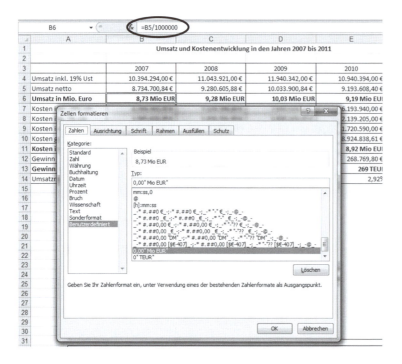

Anschließend wählen Sie das Dialogfenster „Zellen formatieren" (Kontextmenü) aus.

Lösung Aufgabe 5: Kosten- und Umsatzentwicklung

Im Register „Zahlen" wählen Sie in der Zahlen-Kategorie das benutzerdefinierte Zahlenformat aus. Ihr Format ist – in der Ursprungsinstallation von Excel[10] – noch nicht vorhanden.
Es lautet:

0,00" Mio. EUR"

Erläuterung:
0,00 steht für eine Zahl mit 2 Dezimalstellen. In Anführungszeichen erfolgt Ihr gewünschter Text. Beachten Sie, dass nach dem Anführungszeichen zunächst ein Leerzeichen geschrieben werden muss, damit Ihre „Mio. EUR"-Einheit später ein wenig getrennt von der Zahl steht.

5.2.5 Der Gewinn in der Zeile 13 soll in einem Format „TEUR" mit 2 Nachkommastellen dargestellt werden.

Erneut ist ein benutzerdefiniertes Format einzustellen. Zuvor müssen die Zahlenwerte durch 1.000 geteilt werden.

In Zelle B13 lautet die Formel daher:

=B12/1000

Anschließend wird das folgende benutzerdefinierte Zahlenformat erstellt:

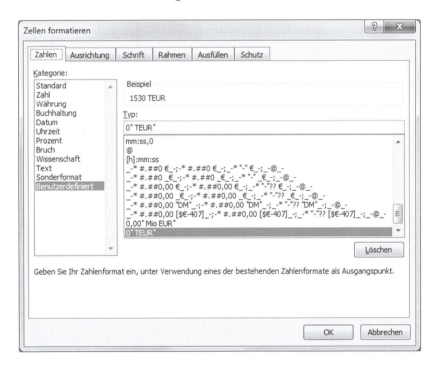

---

[10] Sollten Sie dieses Format in einer anderen Übungsaufgabe bereits verwendet haben, oder gehen Sie diese Übung zum 2. Mal durch, so wird Ihnen das einmal von Ihnen erstellte Format wieder angezeigt.

Lösung Aufgabe 5: Kosten- und Umsatzentwicklung

5.2.6 Ermitteln Sie in der Zeile 14 die Umsatzrendite für die Jahre 2007 bis 2011. Formatieren Sie Ihre Ergebnisse im Prozentformat mit 2 Nachkommastellen.

Die Umsatzrendite[11] sagt aus, wie viel Prozent des Umsatzes tatsächlich an Gewinn im Unternehmen verbleibt. Mit Umsatz ist immer der Netto-Umsatz gemeint.

Die Umsatzrendite berechnet sich somit als Verhältnis von Gewinn zum Umsatz. In Zelle B14 lautet Ihre Formel:

=B12/B5

Da in jeder Spalte immer die jeweiligen Jahreswerte eingesetzt werden sollen, handelt es sich nur um relative Bezüge. Die Formel ist somit ohne weitere Anpassungen kopierfähig.

---

[11] In manchen Aufgaben finden Sie den Begriff „Umsatzrentabilität" statt „Umsatzrendite". Mit beiden Begriffen ist das Gleiche gemeint.

Lösung Aufgabe 5: Kosten- und Umsatzentwicklung

5.3 Darstellung statistischer Daten

5.3.1 Erstellen Sie ein 3D-Säulendiagramm, welches die Entwicklung der Umsätze und Kosten in den Jahren 2007 bis 2011 grafisch veranschaulicht. Das Diagramm ist unter der bearbeiteten Tabelle zu platzieren. Geben Sie dem Diagramm eine aussagekräftige Überschrift.

Markieren Sie die benötigten Zellbereiche, indem Sie in der obersten benötigten Zeile beginnen. Beachten Sie, dass alle Zeilen in exakt gleicher Länge zu markieren sind, auch wenn bei der späteren Legenden-Zeile dann eine leere Zelle markiert wird.

Markieren Sie für die Legende die Zellen A3 bis F3. Drücken Sie die STRG-Taste und markieren Sie zusätzlich die Zellen A6 bis F6 sowie A11 bis F11:

	A	B	C	D	E	F
1		Umsatz und Kostenentwicklung in den Jahren 2007 bis 2011				
2						
3		2007	2008	2009	2010	2011
4	Umsatz inkl. 19% USt	10.394.294,00 €	11.043.921,00 €	11.940.342,00 €	10.940.394,00 €	9.830.493,00 €
5	Umsatz netto	8.734.700,84 €	9.280.605,88 €	10.033.900,84 €	9.193.608,40 €	8.260.918,49 €
6	Umsatz in Mio. Euro	8,73 Mio EUR	9,28 Mio EUR	10,03 Mio EUR	9,19 Mio EUR	8,26 Mio EUR
7	Kosten inkl. 19% USt	6.304.943,00 €	7.229.394,00 €	7.694.024,00 €	6.193.940,00 €	5.904.348,00 €
8	Kosten ink. 7% USt	1.985.629,00 €	1.920.591,00 €	1.929.109,00 €	2.139.205,00 €	1.002.395,00 €
9	Kosten inkl. 0% USt	832.305,00 €	925.059,00 €	1.005.195,00 €	1.720.590,00 €	832.955,00 €
10	Kosten gesamt netto	7.986.304,47 €	8.795.124,87 €	9.273.666,99 €	8.924.838,61 €	6.731.409,73 €
11	Kosten in Mio. Euro	7,99 Mio EUR	8,80 Mio EUR	9,27 Mio EUR	8,92 Mio EUR	6,73 Mio EUR
12	Gewinn	748.396,37 €	485.481,01 €	760.233,85 €	268.769,80 €	1.529.508,76 €
13	Gewinn in Tsd. Euro	748 TEUR	485 TEUR	760 TEUR	269 TEUR	1530 TEUR
14	Umsatzrendite	8,57%	5,23%	7,58%	2,92%	18,51%

Sobald Ihre Markierung gesetzt ist, wählen Sie im Menü „Einfügen" den Diagramm-Assistenten aus. Im ersten Schritt entscheiden Sie sich für den Diagrammtypen „3D-Säulen gruppiert".

Einen Diagrammtitel können Sie hinzufügen, indem Sie unter „Diagrammlayouts" das „Layout 1" wählen. Ersetzen Sie den Platzhalter durch eine passende Überschrift, z. B. „Umsatz und Kosten 2007 – 2011".

Mit dem Mauszeiger im weißen Bereich Ihres Diagramms ziehen Sie es unter Ihre Tabelle. Mit dem Mauszeiger auf den Eckpunkten erzeugen Sie diagonale Pfeile, um die Größe des Diagramms für den späteren Ausdruck anzupassen.

5.3.2 Auf der X-Achse sollen die Jahreszahlen angezeigt werden. Die Y-Achse soll im Format „Mio. EUR" ohne Nachkommastellen dargestellt werden.

Es sollen nun noch weitere Anpassungen in der Darstellung des Diagramms vorgenommen werden. Ihre X-Achse zeigt möglicherweise bereits die Jahreszahlen an, weil Sie die Zeile 3 in der ursprünglichen Markierung ausgewählt hatten.

Sollte dies nicht der Fall sein, klicken Sie mit der rechten Maustaste in den weißen Bereich Ihres Diagramms und wählen Sie „Daten auswählen". Im rechten Bereich können Sie die „Horizontale Achsenbeschriftung" (das ist Ihre Rubrikenachse) verändern, indem Sie auf „Bearbeiten" klicken.

Um die Y-Achse (auch: Größenachse) zu formatieren, klicken Sie mit der rechten Maustaste auf diese Achse. Im Kontextmenü wählen Sie „Achse formatieren". Im Register „Zahl" wird Ihr benutzerdefiniertes Zahlenformat angezeigt. Wählen Sie das Zahlenformat:

0" Mio EUR"

Bleiben Sie im Dialogfenster „Achse formatieren".

Lösung Aufgabe 5: Kosten- und Umsatzentwicklung

5.3.3 Der Maximum-Wert der Y-Achse soll 15 Mio. EUR, der Minimum-Wert 0 Mio. EUR betragen. Die Werte auf der Y-Achse sollen in Abständen von 3 Mio. EUR angezeigt werden. Das Hauptgitternetz der Größenachse ist auszublenden.

Falls Sie das Dialogfenster geschlossen hatten, rufen Sie es erneut über das Kontextmenü auf. Gehen Sie in das Register „Achsenoptionen". Hier können Sie den Minimum- und den Maximum-Wert („Fest" statt „Auto") vorgeben und den Abstand des Hauptintervalls auf „3" setzen.

Um die Hauptgitternetzlinien auszublenden, wählen Sie im Kontextmenü den Befehl „Gitternetzlinien formatieren". Sie entscheiden Sie bei der Linienfarbe für „Keine Linie".

Ihr fertig gestelltes Säulendiagramm sieht folgendermaßen aus:

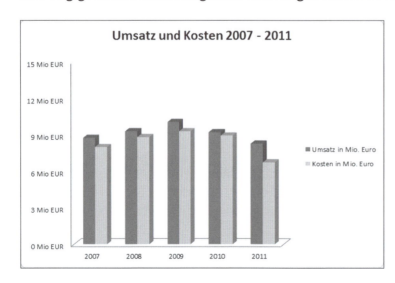

Lösung Aufgabe 5: Kosten- und Umsatzentwicklung

5.3.4 Erstellen Sie unter dem Säulendiagramm in der gleichen Größe ein Liniendiagramm mit Datenpunkten, welches die Entwicklung des Gewinns in TEUR veranschaulicht.

Markieren Sie die Zellen A3 bis F3, drücken Sie die STRG-Taste und markieren Sie anschließend die Zellen A13 bis F13. Anschließend wählen Sie das (erste) Liniendiagramm mit Datenpunkten.

5.3.5 Die Größenachse soll in „TEUR" ohne Nachkommastellen formatiert werden.

Mit der rechten Maustaste klicken Sie auf die Größenachse (Y-Achse). Wählen Sie im Kontextmenü den Befehl „Achse formatieren" und gehen Sie analog zur Aufgabe 5.3.2 vor.
Ihr benutzerdefiniertes Format lautet:

0" TEUR"

5.3.6 Blenden Sie die Hauptgitternetzlinien des Diagramms aus.

Siehe Lösung 5.3.3

5.3.7 Löschen Sie die Legende der einzigen Datenreihe und geben Sie dem Diagramm eine aussagekräftige Überschrift.

Falls Sie diese Aufgabe noch nicht beim Erstellen des Diagramms erledigt haben, können Sie die Legende einfach anklicken und die ENTF-Taste drücken. Alternativ können Sie mit der rechten Maustaste auf den weißen Hintergrund klicken und den Befehl „Löschen" auswählen.

Ihr fertig gestelltes Liniendiagramm sieht folgendermaßen aus:

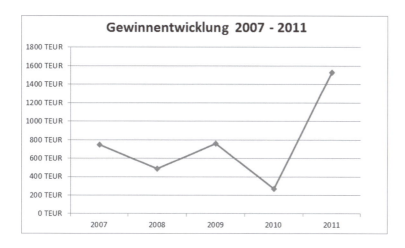

Lösung Aufgabe 5: Kosten- und Umsatzentwicklung

5.4 Stellungnahme

5.4.1 Fügen Sie unter den beiden Diagrammen ein Textfeld ein.

Siehe Lösung 3.4.1

5.4.2 Nehmen Sie Stellung zu der Vermutung Ihrer Geschäftsleitung bzw. zu der Aussage des Niederlassungsleiters aus Wilhelmshaven. Formulieren Sie in vollständigen Sätzen, nicht stichwortartig. Achten Sie auf eine gute Ausdrucksweise und übersichtliche Darstellung.

Ihre Stellungnahme kann beispielsweise folgendermaßen formuliert sein:

Stellungnahme:

Die Umsatzrendite betrug vor zwei Jahren (im Jahr 2009) 7,58 %. Im darauffolgenden Jahr ist sie zwar deutlich gesunken, aber im letzten Jahr ist sie mit 18,51 % sehr viel höher gewesen als in den Vorjahren.

Insofern ist die Vermutung der Geschäftsführung bezogen auf das Jahr 2010 richtig, weil im Vergleich zum Umsatz die Kosten sehr hoch waren. Im letzten Jahr (2011) sind die Kosten jedoch noch stärker gesunken als der Umsatz (der vergleichsweise leicht zurückgegangen ist). Bezogen auf das letzte Jahr liegt der Niederlassungsleiter der Filiale Wilhelmshaven mit seiner Aussage also richtig.

gez. Petra Prüfling

Lösung Aufgabe 6: Preiskalkulation

6.1 Vorbereiten der Daten – Anlage 1

6.1.1 Kopieren Sie das Tabellenblatt „Kalkulation". Benennen Sie das zusätzliche Tabellenblatt in „Kalkulation Art. 2205" um. Das zusätzliche Tabellenblatt soll am Ende der Registerblätter stehen.

Klicken Sie mit der rechten Maustaste auf den Namen des zu kopierenden Tabellenregisters und erzeugen Sie dadurch ein Kontextmenü. Wählen Sie hierin den Befehl „Verschieben oder kopieren…". Im daraufhin angezeigten Dialogfenster wählen Sie die Optionen „ans Ende stellen" sowie „Kopie erstellen" jeweils per Mausklick aus.

Die Kopie des Tabellenregisterblattes bekommt vorübergehend den Namen „Kalkulation (2)" zugeordnet. Um diesen zu ändern, erzeugen Sie einen Doppelklick auf diesen automatisch erzeugten Namen und überschreiben Sie den schwarz hinterlegten Text mit „Kalkulation Art. 2205".

6.1.2 Fügen Sie unterhalb der Überschrift 12 Zeilen ein. Die Spaltenbezeichnungen „Eingabe" und „Ergebnis" stehen nun in der Zeile 15.

Markieren Sie 12 Zeilen unterhalb der Überschrift, indem Sie mit gedrückter linker Maustaste über die Zeilenköpfe 2 bis 13 fahren. Erzeugen Sie im markierten Bereich einen Rechtsklick und wählen Sie aus dem Kontextmenü den Befehl „Zellen einfügen".

Wenn Sie zuvor 12 Zeilen markiert haben, werden nun 12 zusätzliche Zeilen eingefügt.

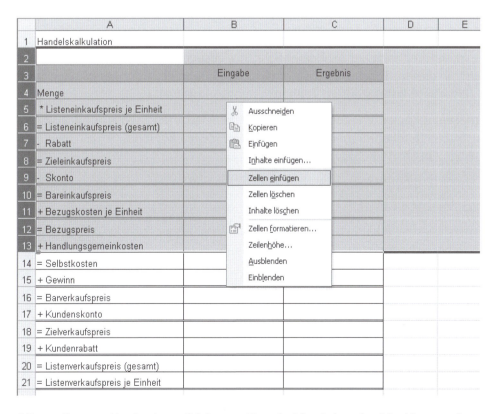

Alternativ zum Kontextmenü können Sie – bei bestehender Markierung der gewünschten Anzahl an Zeilen – auch im Menü „Start" in der Befehlsgruppe „Zellen" den Befehl „Einfügen" und im Auswahlfeld den Befehl „Zellen einfügen" wählen.

©U-Form Verlag – Kopieren verboten!

Lösung Aufgabe 6: Preiskalkulation

6.1.3 Übernehmen Sie positionsgerecht alle Informationen und Formatierungen aus der Anlage 1.

Ihre Aufgabe besteht darin, die eingefügten Zellen mit den Inhalten der Anlage 1 zu füllen und die Zellen entsprechend der Vorlage zu formatieren. Zur Formatierung gehören Schriftschnitt (z. B. fett, kursiv) und Rahmenlinien.

6.2 Bearbeiten der Daten – Anlage 1 (Vorwärtskalkulation)

6.2.1 Ermitteln Sie in der Zelle B4 für den Artikel 2205 mithilfe der Funktion SVERWEIS die Artikelbezeichnung. Beziehen Sie sich dabei auf das Tabellenblatt „Preise"; dort steht die Artikelbezeichnung in Spalte B.

Die Funktion SVERWEIS sucht in der am weitesten links gelegenen Spalte einer Tabelle nach einem Wert (einem Datensatz, der durch diesen Wert – z. B. eine Artikelnummer – beschrieben wird) und gibt einen Wert aus der gleichen Zeile in einer von Ihnen vorgegebenen Spalte wieder zurück (z. B. die Artikelbezeichnung, die zu der Artikelnummer gehört).

Ihr Cursor steht in der Zelle B4 im Tabellenblatt „Kalkulation Art. 2205". Beginnen Sie Ihre Funktion, indem Sie zunächst

=sverweis(

schreiben (Groß- und Kleinschreibung muss nicht beachtet werden). Gesucht wird nach der Artikelnummer, die zum Vergleich in der Zelle B3 steht. Klicken Sie also im Rahmen Ihrer Formel auf die Zelle B3. Es folgt ein Semikolon.

Die Tabelle, in welcher nach der Artikelbezeichnung gesucht werden soll, steht im Tabellenblatt „Preise". In diesem Tabellenblatt steht die Artikelnummer in der ganz linken Spalte. Die Matrix (also diese Liste) steht im Zellbereich von A4 bis F41.

Da die Formel nicht kopiert werden soll, muss auf die Matrix kein absoluter Bezug gesetzt werden (bei SVERWEIS-Funktionen, die Sie in andere Zellen kopieren, setzen Sie immer auf die Matrix einen absoluten Bezug).

Bis hierhin lautet Ihre Formel:

=sverweis(B3;Preise!A4:F41

Nach einem weiteren Semikolon folgt die Spalte, in welcher der zurückzugebende Wert – hier also die Artikelbezeichnung steht. Das ist die 2. Spalte.

Als letzter Bestandteil wird der „Bereich_Verweis" auf 0 gesetzt, denn es soll genau der Wert zurückgegeben werden, der hier steht. Jeder Artikelnummer ist genau eine Artikelbezeichnung zuzuordnen.

Die vollständige Formel lautet:

=SVERWEIS(B3;Preise!A4:F41;2;0)

Excel schreibt den Formelnamen in Großbuchstaben, sobald Sie die Formeleingabe bestätigt haben.

Lösung Aufgabe 6: Preiskalkulation

Wenn Sie es vorziehen, mit dem Funktionsassistenten zu arbeiten, sehen Ihre Eingaben folgendermaßen aus:

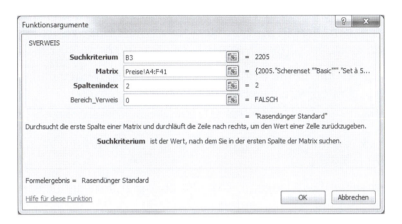

6.2.2 Ermitteln Sie in der Zelle B5 für den Artikel 2205 mithilfe der Funktion SVERWEIS die Mengeneinheit. Beziehen Sie sich dabei auf das Tabellenblatt „Preise"; dort steht die Artikelbezeichnung in Spalte C.

Analog zur ausführlichen Beschreibung unter 6.2.1 lautet Ihre Funktion in der Zelle B5:

=SVERWEIS(B3;Preise!A4:F41;3;0)

6.2.3 Ermitteln Sie in der Zelle B17 mithilfe der Funktion SVERWEIS den Listeneinkaufspreis für den Artikel erneut mit Bezug auf das Tabellenblatt „Preise".

Ihre Funktion lautet in der Zelle B17:

=SVERWEIS(‚Kalkulation Art. 2205'!B3;Preise!A4:F41;4;0) oder

– da Sie sich im Tabellenblatt „Kalkulation Art. 2205" befinden – lediglich:

=SVERWEIS(B3;Preise!A4:F41;4;0)

6.2.4 Ermitteln Sie in der Zelle C18 den Listeneinkaufspreis (für die Gesamtmenge).

Der Listeneinkaufspreis für die Gesamtmenge wird durch Multiplikation des Einzelpreises mit der Menge ermittelt:

=B16*B17

Lösung Aufgabe 6: Preiskalkulation

6.2.5 Bestimmen Sie in Zelle B19 mithilfe der WENN-Funktion den Rabattsatz für die Bestellmenge in Abhängigkeit von der Bestellmenge in Zelle B16 (Menge = 1.600 Säcke à 8 kg).

Es gibt in dieser Aufgabe drei mögliche Rabattsätzen und als 4. Alternative – wenn weniger als 500 Stück bestellt werden – den Wert 0. Bei vier Alternativen muss eine WENN-Funktion dreimal verschachtelt werden.

Sie beginnen in solchen Aufgaben immer mit dem Abgleich der größten Menge und prüfen also, ob der größte Wert überschritten wird. Die Funktion beginnt

=wenn(B16>=B10;C10;

Wenn mindestens 5.000 Stück (Wert in Zelle B10) bestellt werden, gewährt der Verkäufer 18,00 % Rabatt – dieser steht in Zelle C10.

Als Nächstes prüfen Sie die zweitgrößte Menge (in Zelle B9) ab, die zum zweithöchsten Rabatt führt, welcher in Zelle C9 steht. Sie fahren fort:

=wenn(B16>=B10;C10; wenn(B16>=B9;C9;

Nun folgt die die drittgrößte Menge (also mindestens 500 Stück), die zum kleinsten Rabattsatz in Zelle C8 führt. Wird diese auch nicht erreicht, wird gar kein Rabatt gewährt – also Null.

Ihre vollständige Formel lautet:

=WENN(B16>=B10;C10; WENN(B16>=B9;C9;WENN(B16>=B8;C8;0)))

6.2.6 Kalkulieren Sie in der Spalte C vorwärts bis zu den Selbstkosten.

Nun müssen Sie Kenntnis über die Formeln in der Vorwärtskalkulation besitzen, denn die Rechenoperationen werden Ihnen in dieser Prüfung nicht vorgegeben. In Prüfungen für Bürokaufleute wird dies auch im Teil Informationsverarbeitung von Ihnen verlangt. Tendenziell wird in den Prüfungen für Kaufleute für Bürokommunikation eher der Rechenweg in der Aufgabenstellung näher beschrieben. Sicherheitshalber sollten aber auch Sie das Kalkulationsschema beherrschen.

Wir beginnen in Zelle C19: Der Rabatt wird durch Multiplikation des Rabattsatzes (in Zelle B19, siehe vorherige Aufgabe) mit dem Listeneinkaufspreis ermittelt. Die Formel lautet:

=C18*B19

In der Zelle C20 wird vom Listeneinkaufspreis der Rabatt abgezogen:

=C18-C19

Der Skonto-Prozentsatz ist in Zelle B21 vorgegeben. Sie berechnen in Zelle C21 den Euro-Wert durch Multiplikation mit dem Zieleinkaufspreis:

=C20*B21

Ziehen Sie den Skontobetrag vom Zieleinkaufspreis ab, so erhalten Sie in Zelle C22 den Bareinkaufspreis:

=C20-C21

Die Bezugskosten sind von der Menge abhängig. Sie berechnen sich in Zelle C23, indem Sie den Bezugseinzelpreis (Zelle B23) mit der Menge (B16) multiplizieren:

=B16*B23

Lösung Aufgabe 6: Preiskalkulation

Durch Addition von Bareinkaufspreis und Bezugskosten erhalten Sie in Zelle C24 den Bezugspreis (der manchmal auch als Einstandspreis bezeichnet wird):

=C22+C23

Der Handlungsgemeinkostensatz ist in der Zelle B25 vorgegeben. Wenn Sie ihn mit dem Bezugspreis multiplizieren, erhalten Sie in Zelle C25 die Handlungsgemeinkosten:

=C24*B25

Schließlich addieren Sie die Handlungsgemeinkosten und den Bezugspreis, um die Selbstkosten in Zelle C26 zu erhalten:

=C24+C25

6.2.7 Ermitteln Sie in der Zelle B12 die Selbstkosten pro Mengeneinheit.

Klicken Sie oben in die Zelle B12.

Die Selbstkosten je Mengeneinheit ermitteln Sie, indem Sie die gesamten Selbstkosten durch die Stückzahl teilen:

=C26/B16

6.2.8 Ermitteln Sie in der Zelle B13 den Verkaufspreis mithilfe der Funktion SVERWEIS, bei der Sie sich auf das Tabellenblatt „Preise" beziehen.

Im Vergleich zu den Selbstkosten soll nun der aktuelle Verkaufspreis aus der Liste gesucht werden. Der SVERWEIS sucht erneut nach der Artikelnummer im Tabellenblatt „Preise" und gibt den Verkaufspreis aus der 5. Spalte zurück.

Ihr Cursor steht im Tabellenblatt „Kalkulation Art. 2205" in Zelle B13. Die Formel lautet:

=SVERWEIS(B3;Preise!A4:F41;5;0)

6.2.9 Ersetzen Sie in Zelle B27 den Prozentsatz für den Gewinn auf 20%. Ermitteln Sie in Zelle C27 den Gewinnzuschlag für den Artikel, wenn 20% Gewinn kalkuliert werden sollen.

Der Gewinn-Prozentsatz wurde gemäß Anlage 1 mit 0% eingesetzt. Die Prozentformatierung müsste bereits hinterlegt sein. Tragen Sie 20% ein.

In der Zelle C27 wird nun auf den jeweils eingetragenen Prozentsatz zugegriffen und dieser mit den Selbstkosten multipliziert:

=C26*B27

6.2.10 Ermitteln Sie in Zelle C28 den Barverkaufspreis bei einem Gewinn von 20%.

Indem Sie die beiden Werte addieren, erhalten Sie den Barverkaufspreis mit den vorgegebenen 20%:

=C26+C27

Lösung Aufgabe 6: Preiskalkulation

6.2.11 Kalkulieren Sie in Spalte C vorwärts, wenn zusätzlich 2% mögliches Kundenskonto sowie 5% möglicher Kundenrabatt einkalkuliert werden sollen. Ermitteln Sie in Zelle C32 den Listenverkaufspreis für die Gesamtmenge sowie in Zelle C33 den Listenverkaufspreis pro Mengeneinheit, den MIKO bei diesen Konditionen mindestens ansetzen muss.

Tragen Sie in der Zelle B29 die 2% und in der Zelle B31 die 5% ein.

Beachten Sie bei der Vorwärtskalkulation, dass die 2% bzw. die 5% vom jeweiligen Ergebnis zu berechnen sind. Der Kunde zieht sich zunächst 5% vom Listenverkaufspreis ab und dann vom neuen Ergebnis noch 2% vom Zielverkaufspreis. Für Sie bedeutet das in der Vorwärtskalkulation, dass Sie folgende Berechnungen vorzunehmen haben:

In Zelle C29 sind 98% als Basiswert für die 2% zugrunde zu legen. In der allgemeingültigen Formel, in der später auch andere Skonto-Sätze eingetragen werden können, sieht das folgendermaßen aus:

=C28/(1-B29)*B29

Der Skontobetrag ist in Zelle C30 hinzuzurechnen:

=C28+C29

Analog dazu sind in der Zelle C31 die 5% von 95% zu kalkulieren. Die allgemeingültige Formel lautet:

=C30/(1-B31)*B31

Schließlich wird der Rabatt-Betrag in Zelle C32 addiert, um auf den Listenverkaufspreis für die Gesamtmenge zu kommen:

=C30+C31

Um in Zelle C32 den Listenverkaufspreis je Mengeneinheit zu erhalten, teilen Sie durch die Stückzahl aus Zelle B16:

=C32/B16

Lösung Aufgabe 6: Preiskalkulation

6.2.12 Formatieren Sie alle Euro-Werte im Format Währung (€) und alle Prozentwerte mit dem Prozentzeichen und zwei Nachkommastellen.

Markieren Sie die Zellen von C16 bis C33. Wählen Sie im Menü FORMAT den Befehl „Zellen…" und im Dialogfenster das Register „Zahl". In der Kategorie wählen Sie Währung aus und stellen 2 Dezimalstellen ein.

	A	B	C
1	Handelskalkulation		
2			
3	Artikelnummer	2205	
4	Artikelbezeichnung	Rasendünger Standard	
5	Mengeneinheit	8 kg-Sack	
6			
7	Rabatt Einkauf	ab Bestellmenge	Rabattsatz
8		500	5,00%
9		1500	12,00%
10		5000	18,00%
11			
12	Selbstkosten je Einheit	8,89 €	
13	Verkaufspreis je Einheit	15,99 €	
14			
15		Eingabe	Ergebnis
16	Menge	1600	
17	* Listeneinkaufspreis je Einheit	6,56	
18	= Listeneinkaufspreis (gesamt)		10.496,00 €
19	- Rabatt	12,00%	1.259,52 €
20	= Zieleinkaufspreis		9.236,48 €
21	- Skonto	2,00%	184,73 €
22	= Bareinkaufspreis		9.051,75 €
23	+ Bezugskosten je Einheit	0,08 €	128,00 €
24	= Bezugspreis		9.179,75 €
25	+ Handlungsgemeinkosten	55,00%	5.048,86 €
26	= Selbstkosten		14.228,61 €
27	+ Gewinn	20,00%	2.845,72 €
28	= Barverkaufspreis		17.074,34 €
29	+ Kundenskonto	2,00%	348,46 €
30	= Zielverkaufspreis		17.422,79 €
31	+ Kundenrabatt	5,00%	916,99 €
32	= Listenverkaufspreis (gesamt)		18.339,78 €
33	= Listenverkaufspreis je Einheit		11,46 €

Lösung Aufgabe 6: Preiskalkulation

6.3 Vorbereiten der Daten – Anlage 2 (Rückwärtskalkulation)

Gehen Sie vor wie unter 6.1.1 bis 6.1.3 beschrieben.

6.4 Bearbeiten der Daten – Anlage 2 (Rückwärtskalkulation)

6.4.1 Ermitteln Sie jeweils per SVERWEIS mit Bezug auf das Tabellenblatt „Preise" in Zelle B4 die Artikelbezeichnung, in Zelle B5 die Mengeneinheit und in Zelle C25 den Listenverkaufspreis.

Die Vorgehensweise wird unter 6.2.1 ausführlich beschrieben. Ihre Formeln lauten

In Zelle B4:   =SVERWEIS(B3;Preise!A4:F41;2;0)
In Zelle B5:   =SVERWEIS(B3;Preise!A4:F41;3;0)
In Zelle C25: =SVERWEIS(B3;Preise!A4:F41;5;0)

6.4.2 Kalkulieren Sie rückwärts bis zum SOLL-Listeneinkaufspreis (gesamt) in Zelle C10 und ermitteln Sie den SOLL-Listeneinkaufspreis pro Einheit in Zelle C9.

Rückwärtskalkulation bedeutet, dass Sie beim Verkaufspreis beginnen und sich im Kalkulationsschema von unten nach oben „hocharbeiten".

Sie beginnen in Zelle C24. Der Gesamtverkaufspreis für die Ware errechnet sich durch den Einzelverkaufspreis multipliziert mit der Menge:

=C25*B8

Vom Listenverkaufspreis zieht sich der Kunde nacheinander sowohl Rabatt als auch Skonto ab. Ihre Formeln lauten:

In Zelle C23:   =C24*B23   (Listenverkaufspreis * Rabatt-Satz)
In Zelle C22:   =C24-C23   (Listenverkaufspreis minus Rabatt)
In Zelle C21:   =C22*B21   (Zielverkaufspreis * Skonto-Satz)
In Zelle C20:   =C22-C21   (Zielverkaufspreis minus Skonto)

In Zelle C20 haben Sie damit den Barverkaufspreis errechnet. Nun soll der darin enthaltene Gewinn ermittelt werden. Der Barverkaufspreis setzt sich also aus den Selbstkosten (100%) und dem Gewinn (18% von den Selbstkosten) zusammen und beträgt damit insgesamt 118%. Rückwärts kalkuliert muss also durch 118% geteilt werden, um das Zwischenergebnis anschließend mit den 18% zu multiplizieren.

In der Formel arbeiten Sie nicht mit festen Werten, sondern mit Zellbezügen:

=C20/(1+B19)*B19

Die „1" ist mathematisch das gleiche wie 100%, nämlich ein Ganzes. Sie können ebenso schreiben:

=C20/(100%+B19)*B19

Die Selbstkosten in Zelle C18 ergeben sich nun in der Rückwärtskalkulation durch einfache Subtraktion:

=C20-C19

In den Selbstkosten sind die Handlungsgemeinkosten enthalten. Um diese auszurechnen, muss also von 155% (=100% + 55%) ausgegangen werden. Analog zur Berechnung des Gewinns lautet Ihre Formel:

=C18/(1+B17)*B17 oder
=C18/(100%+B17)*B17

Lösung Aufgabe 6: Preiskalkulation

Der Bezugspreis in Zelle C16 ergibt sich in der Rückwärtskalkulation wieder durch Subtraktion:

=C18-C17

Darin enthalten sind die Bezugskosten, also die Bezugseinzelkosten multipliziert mit der Menge:

=B15*B8

In Zelle C14 ergibt sich damit der Bareinkaufspreis:

=C16-C15

Beim Bareinkaufspreis ist das Skonto bereits abgezogen. Es handelt sich also nur um 97% (bei 3% Skonto) vom Zieleinkaufspreis. Allgemein gültig lautet Ihre Formel in der Rückwärtskalkulation:

=C14/(1-B13)*B13

Wenn Sie den Skontobetrag errechnet haben, wird dieser zum Bareinkaufspreis hinzuaddiert:

=C14+C13

Beim Zieleinkaufspreis ist der Rabatt bereits abgerechnet. Bei 8% Rabatt sind es also nur 92% vom Listeneinkaufspreis. Allgemein gültig berechnen Sie:

=C12/(1-B11)*B11

Der Listeneinkaufspreis in Zelle C10 ergibt sich schließlich erneut durch Addition:

=C12+C11

Dies ist – ausgehend von Ihrem Verkaufspreis an Ihre Kunden – der SOLL-Einkaufspreis für die Gesamtmenge, der bei den bestehenden Rabatt- und Skonto-Bedingungen nicht unterschritten werden darf, damit keine Verluste entstehen.

Der SOLL-Listeneinkaufspreis pro Stück ergibt sich, indem Sie den Gesamtpreis durch die Menge teilen:

=C10/B8

6.4.4 Erweitern Sie die Breite der Spalten E und F auf 20,00.

Siehe Lösung 2.1.5

6.4.5 Ermitteln Sie in Zelle E9 den aktuellen Listeneinkaufspreis aus dem Tabellenblatt „Preise" mittels SVERWEIS.

Der SVERWEIS zur Ermittlung des aktuellen Listeneinkaufspreises lautet in Zelle E9:

=SVERWEIS(B3;Preise!A4:F41;4;0)

6.4.6 Ermitteln Sie in Zelle F9 die Differenz zwischen dem aktuellen Listeneinkaufspreis und dem SOLL-Listeneinkaufspreis.

Subtrahieren Sie den aktuellen Listeneinkaufpreis von dem berechneten SOLL-Listeneinkaufspreis.

=C9-E9

Lösung Aufgabe 6: Preiskalkulation

6.4.7 Mithilfe einer bedingten Formatierung soll angezeigt werden, ob der aktuelle Listeneinkaufspreis zu niedrig oder genügend hoch ist. Die Schriftfarbe des Ergebnisses in Zelle F9 soll rot und fett dargestellt werden, wenn der aktuelle Listeneinkaufspreis zu hoch ist. Das Ergebnis soll in grüner Schrift und fett formatiert angezeigt werden, wenn der Artikel zu genügend günstigen Konditionen eingekauft wird.

Markieren Sie die Zelle F9. Wählen Sie im Menü „Start" den Befehl „Bedingte Formatierung". Sie können mit der voreingestellten Auswahl „Regeln zum Hervorheben von Zellen" => „Kleiner als…" beginnen.

Die Bedingung 1 lautet: Zellwert kleiner als „0"

Wählen Sie hier das „benutzerdefinierte Format", um für diese Werte die Ergebnisse in fett gedruckter, roter Schrift anzeigen zu lassen.

Klicken Sie nun im Auswahlfeld „Bedingte Formatierung" auf „Regeln verwalten", um eine weitere Bedingung einzutragen. Wenn der Zellwert mindestens gleich Null oder größer wird, soll das Ergebnis in fett gedruckter, grüner Schrift angezeigt werden.

Bestätigen Sie zum Abschluss mit OK:

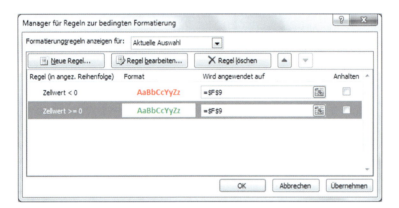

6.4.8 Formatieren Sie alle Euro-Werte im Format „Währung" (€).

Markieren Sie die gesamte Spalte C ebenso wie die Zellen E9 und F9. Wählen Sie für diese Zellen das Währungsformat; standardmäßig ist hier als deutsches Währungsformat „€" voreingestellt.

Lösung Aufgabe 6: Preiskalkulation

6.5 Stellungnahmen

6.5.1 Fügen Sie in beide Tabellenblätter jeweils ein Textfeld ein.

Wählen Sie in beiden Tabellenblättern – mit Blick auf den späteren Ausdruck – einen geeigneten Platz für die Stellungnahmen aus. Schauen Sie dafür bereits auf die spätere Aufgabenstellung (hier: 6.6.3), ob die Datei im Hoch- oder Querformat ausgedruckt werden soll.

Klicken Sie auf das Symbol „Textfeld" im Menü „Einfügen" und ziehen Sie an der ausgewählten Stelle ein Textfeld in der gewünschten Größe auf.

6.5.2 Beschreiben Sie (im Textfeld im Tabellenblatt „Kalkulation Art. 2205") die Situation der Kostendeckung beim Artikel 2205 und nehmen Sie Stellung zu der Vermutung von Frau Hohlmuth.

Eine mögliche Stellungnahme zur Vermutung von Frau Hohlmuth könnte folgendermaßen formuliert werden:

Stellungnahme zum Art. 2205:

Die Selbstkosten liegen für den Artikel 2205 mit 8,89 Euro weit unter dem Verkaufspreis von 15,99 Euro.

Sogar bei einem Kundenskonto in Höhe von 2% sowie bei einem Kundenrabatt in Höhe von 5% könnte der Verkaufspreis noch deutlich gesenkt werden.

gez. Petra Prüfling

6.5.3 Beschreiben Sie (im Textfeld im Tabellenblatt „Kalkulation Art. 2116") die Einkaufssituation beim Artikel 2116. Nehmen Sie Stellung zur Höhe der Differenz von dem aktuellem zu einem wirtschaftlich günstigen Einkaufspreis.

Die Beschreibung der Situation und eine Stellungnahme könnte folgendermaßen formuliert werden:

Stellungnahme zum Art. 2116:

Der SOLL-Einkaufspreis liegt 32,94 Euro unter dem aktuellen Einkaufspreis. Bei den vorgegebenen Konditionen (bezüglich Gewinn, Rabatt und Skonto) müsste der Einkaufspreis um mindestens diesen Betrag gesenkt werden.

gez. Petra Prüfling

Lösung Aufgabe 7: Büro- und Verkaufsflächen

7.1 Vorbereiten der Daten

7.1.1 Löschen Sie das Tabellenblatt „Außendienst".

Klicken Sie mit der rechten Maustaste auf das zu löschende Tabellenblatt und wählen Sie im Kontextmenü den Befehl „Löschen". Bestätigen Sie die Meldung, die Sie darauf hinweist, dass dieser Vorgang nicht rückgängig gemacht werden kann.

7.1.2 Wechseln Sie in das Tabellenblatt „Fläche" und fügen Sie unter der Überschrift 8 Zeilen ein. Die Zwischenüberschrift „Filiale" steht nun in Zelle A11. Erweitern Sie die Spalte A auf die Breite 41,00. Ergänzen Sie die in Anlage 1 abgebildete Tabelle mit den vorgegebenen Rahmenlinien.

Markieren Sie unter der Überschrift acht Zeilen, indem Sie mit gedrückter linker Maustaste über die Zeilenköpfe (die Zahlen 2 bis 9) ziehen. Klicken Sie mit der rechten Maustaste innerhalb dieser Markierung und wählen Sie den Befehl „Zellen einfügen". Es werden acht Zeilen in einem Schritt eingefügt, weil Sie zuvor genau diese Anzahl an Zeilen markiert haben.

Die Breite der Spalte A erweitern Sie, indem Sie Ihren Mauszeiger an den rechten Rand des Spaltenkopfes „A" führen und einen schwarzen Mauszeiger mit Doppelpfeil erzeugen.

Die Rahmenlinien können Sie – nachdem Sie den entsprechenden Bereich mit der Maus markiert haben – im Menü „Start" unter „Schriftart" und „Alle Rahmenlinien einstellen".

7.1.3 Ergänzen Sie außerdem im Tabellenblatt „Fläche" in den Spalten I und J in der Zeile 11 die Überschriften „Gesamtfläche Verkauf und Lager" sowie „Gesamtfläche Büro" lt. Anlage 2.

Achten Sie darauf, dass Sie die Eingaben genau in den vorgegebenen Zellen tätigen und dass Sie die Zeilenumbrüche an den vorgegebenen Stellen vornehmen (Tastenkombination „ALT + Return").

7.1.4 Ergänzen Sie im Tabellenblatt „Miete" die Spalten E bis G gemäß Anlage 3. Achten Sie auf die Ausrichtung des Textes ebenso wie auf die vorgegebenen Zeilenumbrüche. Verwenden Sie auch die angegebene Rahmenlinie.

Gehen Sie analog zu den Beschreibungen unter 7.1.2 sowie 7.1.3 vor.

7.1.5 Benennen Sie das Tabellenblatt „Abteilungen" um in „Nebenkosten". Löschen Sie die Spalten F bis I vollständig und löschen Sie die Inhalte der Spalten C bis E. Erweitern Sie die Spaltenbreite der Spalten C bis E auf jeweils 20.

Erzeugen Sie einen Doppelklick auf dem Tabellenblatt „Abteilungen". Der bisherige Name des Registerblattes wird schwarz hinterlegt. Sie können nun den neuen Namen darüber schreiben.

Um die Breite mehrerer Spalten in einem Schritt zu verändern, müssen diese Spalten zuvor markiert sein. Anschließend verwenden Sie den (unter 7.1.2 beschriebenen) Mauszeigerpfeil.

Lösung Aufgabe 7: Büro- und Verkaufsflächen

7.1.6 Erfassen Sie im Tabellenblatt „Nebenkosten" die in Anlage 4 abgebildeten durchschnittlichen monatlichen Nebenkosten in den Spalten C und E.

Achten Sie darauf, dass Sie die Formate „Prozent" und „€" durch die entsprechenden Excel-Befehle eingeben, also im Menü „Start" über die entsprechenden Symbole[12].

Wenn die Aufgabenstellung die Formulierung „Erfassen Sie…" verwendet, so sind die entsprechenden Formatierungen gemäß Vorlage zu übernehmen.

7.1.7 Ersetzen Sie die Überschrift in der Zelle A1 durch eine zum neuen Inhalt passende.

Die alte Überschrift „Anzahl der Mitarbeiter/-innen nach Abteilungen" passt nun nicht mehr zum Inhalt des Tabellenblattes. Überschreiben Sie diesen Titel, z. B. mit der neuen Überschrift „Nebenkosten".

7.1.8 Fügen Sie in allen Tabellenblättern in der Fußzeile im linken Abschnitt Ihren Namen ein.

Siehe Lösung 1.1.2

7.2 Bearbeiten der Daten

7.2.1 Ermitteln Sie in den Spalten I und J die Gesamtflächen für Verkauf und Lager (Spalte I) sowie die Gesamtfläche Büro (Spalte J) für die jeweilige Filiale.

Sie befinden sich im Tabellenblatt „Fläche". Klicken Sie zunächst in die Zelle I12. Bilden Sie die Summe aus allen Flächenteilen, die zum Verkauf und zum Lager der jeweiligen Filiale gehören. Ihre Formeln können folgendermaßen lauten:

=C12+D12+G12+H12 oder

=SUMME(C12;D12;G12;H12)

Das Semikolon steht innerhalb der Summenfunktion zwischen einzelnen Zellen, die addiert werden sollen. Den Doppelpunkt können Sie diesmal nicht verwenden – SUMME(C12:H12) – weil die Zellen E12 und F12 nicht mit addiert werden sollen!

In der Zelle J12 lautet Ihre Formel:

=E12+F12 oder

=SUMME(E12:F12)

---

[12] Natürlich kann man die Einheiten (%, €) auch manuell eintippen. Bei falscher Verwendung von Leerzeichen ergibt sich jedoch das Problem, dass Excel die Werte nicht als Zahlen erkennt. Dann kann im Folgenden nicht damit gerechnet werden.

Lösung Aufgabe 7: Büro- und Verkaufsflächen

7.2.2 Lassen Sie sämtliche Quadratmeter-Werte mit einem benutzerdefinierten Format so darstellen, dass hinter jeder Zahl ein Leerzeichen und dann „m²" angezeigt wird (z.B. 180 m²).

Markieren Sie die Zellen C12 bis J33. Rufen Sie im Kontextmenü den Befehl „Zellen formatieren" auf und gehen Sie in das Register „Zahlen". Wählen Sie die Kategorie „Benutzerdefiniert".
Ihr Format lautet:

0" m²"

Die 0 steht für eine ganze Zahl (also eine Zahl ohne Nachkommastellen). Innerhalb der Anführungsstriche steht der benutzerdefinierte Text. Zu beachten ist das Leerzeichen, mit dem der Text innerhalb der Anführungsstriche beginnt.

7.2.3 Sortieren Sie in einem Sortiervorgang die Tabelle zuerst absteigend nach der Gesamtfläche Verkauf und Lager und anschließend absteigend nach der Gesamtfläche Büro.

Zum Sortieren benötigen Sie eine Liste ohne leere Zeilen und ohne leere Spalten. Im Zellbereich von A11 bis J33 finden Sie eine solche Liste vor. Es genügt, dass Sie Ihren Cursor an beliebiger Stelle innerhalb dieser Liste platzieren. Einfach in die Liste hineinklicken, z. B. in die Zelle B17.

Sie rufen nun im Menü „Start" im Auswahlfeld „Sortieren und Filtern" den Befehl „Benutzerdefiniertes Sortieren Sie im 1. Schritt nach „Gesamtfläche Verkauf und Lager" (angeklickt wird „absteigend") und anschließend nach „Gesamtfläche Büro" (ebenfalls „absteigend"). Excel hat erkannt, dass Ihre Liste eine Überschrift enthält und dieses oben rechts im Dialogfenster entsprechend vermerkt.

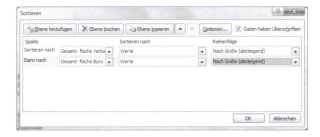

7.2.4 Ermitteln Sie in der Spalte E unter Verwendung der Funktion SVERWEIS die Miete für alle Verkaufs- und Lagerflächen. Beziehen Sie sich dabei auf das Tabellenblatt „Fläche".

Wechseln Sie in das Tabellenblatt „Miete" und setzen Sie Ihren Cursor in die Zelle E4. Die Miethöhe ist (in Zelle C4) als Quadratmeter-Preis angegeben, sodass sie mit der Fläche in m² multipliziert werden muss. Diese Fläche ist wiederum in der 9. Spalte der Tabelle im Registerblatt „Fläche" zu finden. Ihre Formel lautet:

=C4*SVERWEIS(A4;Fläche!$A$12:$J$33;9;0)

Eine ausführlichere Erklärung zum SVERWEIS finden Sie in der Lösung zu Aufgabe 4 unter Punkt 4.3.1.

Durch den absoluten Bezug bezogen auf die Liste innerhalb des SVERWEISes können Sie die Formel wie vorgegeben in die darunter stehenden Zellen kopieren.

Lösung Aufgabe 7: Büro- und Verkaufsflächen

7.2.5 Ermitteln Sie in der Spalte F unter Verwendung der Funktion SVERWEIS die Miete für alle Büroflächen mit Bezug auf das Tabellenblatt „Fläche".

Ihre Formel in der Zelle lautet analog zu 7.2.4 folgendermaßen:

=D4*SVERWEIS(A4;Fläche!$A$12:$J$33;10;0)

Die Formel kann in die darunter liegenden Zellen kopiert werden.

7.2.6 Berechnen Sie die Gesamtmiete in der Spalte G.

Die Gesamtmiete ergibt sich als Summe aus den beiden soeben ermittelten Werten einer jeden Zeile. In Zelle G4 lautet die Formel:

=SUMME(E4:F4)

Alternativ können Sie natürlich die Formel

=E4+F4

verwenden. Beide Formeln sind ohne absolute Bezüge kopierfähig.

7.2.7 Lassen Sie unter Verwendung einer bedingten Formatierung in den Zellen C4 bis D25 Quadratmeterpreise ab 10,00 Euro in roter Schrift, Quadratmeterpreise zwischen 7,00 und 9,99 Euro in orangefarbener Schrift und Preise unter 7,00 Euro in grüner Schrift anzeigen.

Markieren Sie den Zellbereich von C4 bis D25. Wählen Sie im Menü „Start" den Befehl „Bedingte Formatierung". Ihre Vorgaben lauten:

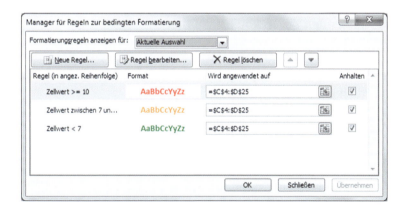

Der Bereich „größer oder gleich" schließt den Wert 10 mit ein.

Die Funktion „zwischen" .. „und" schließt die beiden genannten Werte (hier 7 sowie 9,99) ebenfalls mit ein.

7.2.8 Berechnen Sie in der Spalte D die Wasser- und Energiekosten mithilfe der Funktion SVERWEIS und mit Bezug auf das Tabellenblatt „Miete".

Wechseln Sie in das Tabellenblatt „Nebenkosten". Die Wasser- und Energiekosten sind in Prozent der Mietkosten vorgegeben. Dieser Prozentwert (in Spalte C) muss mit den zuvor ermittelten Mietkosten (im Tabellenblatt „Miete" in der 7. Spalte) multipliziert werden. Ihre Formel lautet in der Zelle D4:

=C4*SVERWEIS(A4;Miete!$A$4:$G$25;7;0)

Lösung Aufgabe 7: Büro- und Verkaufsflächen

7.2.9 Formatieren Sie alle Euro-Werte in diesem Tabellenblatt im Währungsformat (€).

Markieren Sie alle Zellen mit Euro-Werten (Zellen D4 bis E25) und wählen Sie in der Symbolleiste unter „Währung" die Standardeinstellung „€".

7.2.10 Ermitteln Sie in der Zeile 3 mithilfe der Funktion ZÄHLENWENN die Anzahl der Filialen pro Region.

Sie wechseln erneut in das Tabellenblatt „Fläche" und setzen Ihren Cursor in die Zelle B3. Es sollen im Zellbereich B12 bis B33 alle Filialen zusammengezählt werden, die zur Region „Nord" gehören. Diese Vorgabe steht in Zelle B2. Damit ist Ihre ZÄHLENWENN-Funktion folgendermaßen aufgebaut:

=ZÄHLENWENN($B$12:$B$33;B2)

Mit dem absoluten Bezug auf der Liste B12 bis B33 können Sie die Formel nach rechts kopieren, denn der Zellbezug B2 soll je nach Region neu eingesetzt werden (relativer Bezug).

7.2.11 Ermitteln Sie in der Zeile 4 mithilfe der Funktion SUMMEWENN die Summe der gemieteten Verkaufs- und Lagerflächen in jeder Region.

Klicken Sie in die Zelle B4. Wieder soll Excel in der Liste von B12 bis B33 prüfen, ob die Filiale zu einer bestimmten Region (genannt in B2) gehört. Wenn diese Bedingung erfüllt ist, sollen die Flächen im Zellbereich I12 bis I33 – hier stehen die gemieteten Verkaufs- und Lagerflächen – zusammengerechnet werden. Ihre Formel lautet:

=SUMMEWENN($B$12:$B$33;B2;$I$12:$I$33)

Die Formel kann in die rechts stehenden Zellen kopiert werden.

7.2.12 Lassen Sie in der Zeile 5 berechnen, wie viele Quadratmeter in jeder Region die Verkaufs- und Lagerflächen durchschnittlich pro Filiale haben.

Klicken Sie in die Zelle B5. Sie erhalten die Lösung, indem Sie Ihr Ergebnis in Zelle B4 ins Verhältnis zu Ihrem Ergebnis in Zelle B3 setzen:

=B4/B3

Verwenden Sie vor dem Kopieren in die rechts stehenden Zellen keinen absoluten Bezug, denn die Zellen müssen für jede Region entsprechend neu berechnet werden.

Lösung Aufgabe 7: Büro- und Verkaufsflächen

7.2.13 Berechnen Sie in der Zeile 6 unter Verwendung der Funktion SUMMEWENN mit Bezug auf das Tabellenblatt „Miete" den Mietaufwand für die Verkaufs- und Lagerflächen jeder Region.

Setzen Sie Ihren Cursor in die Zelle B6. Die Werte im Tabellenblatt „Miete" sind in anderer Reihenfolge sortiert als im Tabellenblatt „Fläche" – und selbst wenn sie es zurzeit nicht wären, könnte dies jederzeit geändert werden! Daher müssen Sie prüfen, welche Region im Tabellenblatt „Miete" in der Spalte B steht, wobei Sie den Abgleich mit dem Zellinhalt in der Zelle B2 – hier: „Nord" – im Tabellenblatt „Fläche" vornehmen. Wenn der Zellinhalt übereinstimmt, werden die Mietaufwendungen in der Spalte E im Tabellenblatt „Miete" zusammengerechnet. Ihre Formel lautet:

=SUMMEWENN(Miete!$B$4:$B$25;Fläche!B2;Miete!$E$4:$E$25)

7.2.14 Ermitteln Sie in der Zeile 7 für jede Region den durchschnittlichen Quadratmeterpreis bei Verkaufs- und Lagerflächen.

Klicken Sie in die Zelle B7. Den durchschnittlichen Quadratmeterpreis ermitteln Sie, indem Sie die gesamte Verkaufs- und Lagerfläche einer Region (berechnet in Zelle B6) ins Verhältnis zu den gesamten Mietkosten für Verkaufs- und Lagerflächen in dieser Region (berechnet in Zelle B4) setzen:

=B6/B4

Die Formel enthält nur relative Bezüge und ist daher ohne Anpassungen kopierfähig.

7.2.15 Ermitteln Sie in der Zeile 8 die gesamten Nebenkosten einer jeden Region, dazu gehören Wasser- und Energiekosten ebenso wie die Reinigungskosten für die Filialen. Verwenden Sie die SUMMEWENN-Funktion mit Bezug auf das Tabellenblatt „Nebenkosten".

Setzen Sie Ihren Cursor in die Zelle B8. Die Nebenkosten setzen sich aus den Wasser- und Energiekosten zusammen, die Sie in der Spalte D in Aufgabe 7.2.8 berechnet haben. Für diese muss zuerst die SUMMEWENN-Funktion gebildet werden:

=SUMMEWENN(Nebenkosten!$B$4:$B$25;Fläche!B2;Nebenkosten!$D$4:$D$25)

Dies ist jedoch nur der erste Teil Ihrer Formel. Hinzu addiert werden die Reinigungskosten, die ebenfalls im Tabellenblatt „Nebenkosten" (in der Spalte E) stehen. Es wird ebenso die SUMMEWENN-Funktion gebildet und zu der ersten hinzugerechnet.

Die gesamte Formel lautet:

=SUMMEWENN(Nebenkosten!$B$4:$B$25;Fläche!B2;Nebenkosten!$D$4:$D$25)+
SUMMEWENN(Nebenkosten!$B$4:$B$25;Fläche!B2;Nebenkosten!$E$4:$E$25)

Lösung Aufgabe 7: Büro- und Verkaufsflächen

7.2.16 Fügen Sie ein neues Tabellenblatt „Nebenkosten 2011" ein und stellen Sie dieses Tabellenblatt ans Ende. Geben Sie die folgende Tabelle ein:

	A	B	C	D	E
1		Nord	West	Ost	Süd
2	Nebenkosten je Region in Euro 2012				
3	Nebenkosten je Region in Euro 2011	39.545,00 €	24.187,00 €	15.985,00 €	19.802,00 €
4	Prozentuale Veränderung				

Die bisherigen Berechnungen bezogen sich auf das laufende Jahr (2012). Die Werte sollen nun mit dem Vorjahr (2011) verglichen werden, um Stellung zu den in der Aufgabenstellung genannten Aussagen nehmen zu können.

Klicken Sie mit der rechten Maustaste auf eines der vorhandenen Tabellenregister unten links. Wählen Sie aus dem Kontextmenü den Befehl „Einfügen" und aus dem folgenden Dialogfenster den Standardeintrag „Tabellenblatt". Klicken Sie doppelt auf den vorläufig vergebenen Tabellenblatt-Namen (wahrscheinlich „Tabelle1") und überschreiben Sie diesen mit „Nebenkosten 2011". Ein Leerzeichen im Namen dürfen Sie verwenden.

Mit gedrückter linker Maustaste können Sie dieses neue (leere) Tabellenblatt an die letzte Stelle ziehen. Beim Gedrückthalten der linken Maustaste erscheint ein kleines schwarzes Dreieck, das Ihnen die neue Position des Tabellenblattes anzeigt. Lassen Sie die Maus los, sobald dieses Dreieck den gewünschten Platz erreicht hat.

Die Werte für das Jahr 2011 sind von Ihnen gemäß Vorlage einzutragen.

7.2.17 Übernehmen Sie mit Bezug auf das Tabellenblatt „Fläche" die Nebenkosten Ihrer Auswertung in der Zeile 8. Formatieren Sie die acht Euro-Werte im €-Format.

Hier wird von Ihnen ein einfacher Bezug erwartet. Ihr Cursor steht in dem neuen Tabellenblatt in Zelle B2. Tippen Sie das Gleichheitszeichen und klicken Sie direkt im Anschluss auf das Tabellenblatt „Fläche" und dort auf Zelle B8. Danach drücken Sie die Return-Taste.
Sie erhalten folgende Formel:

=Fläche!B8

Eine solche Bezugsformel kann wie jede andere Formel auch mit ihrem enthaltenen relativen Bezug nach rechts kopiert werden, sodass Sie schließlich die vier Werte für das Jahr 2012 sehen.

Markieren Sie die Zellen von B2 bis E3 und formatieren Sie diese Werte im Zahlenformat „Währung" (wie zum Beispiel unter 7.2.9 beschrieben).

7.2.18 Berechnen Sie in den vorgesehenen Zellen die prozentuale Veränderung der Nebenkosten von 2011 auf 2012 in jeder Region. Formatieren Sie Ihre Ergebnisse in Prozent mit 2 Nachkommastellen.

Die prozentuale Veränderung erhalten Sie, indem Sie zunächst die Differenz zwischen dem Wert aus dem Jahr 2012 und dem Wert aus dem Jahr 2011 bilden. Anschließend setzen Sie dieses Zwischenergebnis ins Verhältnis zum Wert des älteren Jahres[13]:

=(B2-B3)/B3

Auch diese Formel enthält nur relative Bezüge und kann sofort nach rechts kopiert werden.

---

[13] Beim Berechnen einer prozentualen Veränderung beziehen Sie sich grundsätzlich auf den älteren (früheren) Wert.

Lösung Aufgabe 7: Büro- und Verkaufsflächen

7.3 Stellungnahme

7.3.1 Fügen Sie im Tabellenblatt „Fläche" rechts neben Ihren Auswertungen der oberen Tabelle (Zeilen 2 bis 8) ein Textfeld ein.

Siehe Lösung 3.4.1

7.3.2 Nehmen Sie Stellung zur Vermutung der Geschäftsleitung, dass die Mietkosten für Verkaufs- und Lagerflächen wahrscheinlich im Süden mit Abstand am höchsten und im Osten am niedrigsten sind.

Die Aufgaben 7.3.2 und 7.3.3 sind so zu verstehen, dass sie innerhalb des gleichen Textes zu bearbeiten sind.

7.3.3 Nennen Sie zwei mögliche Gründe für hohe Mieten.

Eine mögliche Stellungnahme – einschließlich der Angabe zweier Gründe für hohe Mieten – lautet:

Stellungnahme:

Die durchschnittlichen Quadratmeterpreise liegen in allen Regionen relativ nah beieinander. Im Osten sind sie nicht - wie von der Geschäftsführung vermutet - am niedrigsten, sondern sogar am höchsten. Die Quadratmeterpreise im Süden liegen in der Höhe dicht dahinter, wohingegen die Durchschnittswerte im Norden und im Westen geringer sind.

Gründe für hohe Mietpreise liegen nicht nur in der Region. Zwei mögliche Gründe für hohe Mietpreise sind zum einen eine besonders attraktive Lage des Mietobjekts (z. B. in einer Einkaufspassage oder in der Innenstadt) und zum anderen eine qualitativ hochwertige Ausstattung.

7.3.4. Fügen Sie im Tabellenblatt „Nebenkosten 2011" unter Ihrer Tabelle ein Textfeld ein.

7.3.5. Nehmen Sie Stellung, inwiefern die Filialen im Norden und Süden sich begründet über deutlich höhere Steigerungen der Nebenkosten beklagen als die Filialen im Osten und Westen.

Stellungnahme:

Die Nebenkosten im Norden sind im Verhältnis zum Jahr 2011 mit Abstand am meisten angestiegen. Zum Anstieg der Nebenkosten im Süden besteht zwar ein deutlicher Abstand (Norden 15,28% - Süden 10,63%), dennoch ist der Anstieg auch hier noch sehr hoch.

Im Westen (8,48%) sowie im Osten (5,27%) sind die Nebenkosten zwar auch deutlich gestiegen, jedoch in sehr viel geringerem Maße.

7.4 Seitenlayout und Druck

Eine ausführliche Erklärung der Vorgehensweise zu Seitenlayout und Ausdruck finden Sie unter Lösung 1.3.

Lösung Aufgabe 8: Lagercontrolling

8.1 Vorbereiten der Daten

8.1.1 Kopieren Sie das Tabellenblatt „Monatsbestände" und benennen Sie Ihre Kopie um in „Kennziffern Opt. Bestellmenge". Ändern Sie die Überschrift in Zelle A1 in „Lagerkennziffern und Optimale Bestellmenge".

Siehe Lösung 4.1.2

8.1.2 Stellen Sie dieses Tabellenblatt ans Ende.

Sollten Sie das Tabellenblatt nicht bereits beim Kopiervorgang ans Ende gestellt haben, können Sie dies nachträglich per Drag & Drop erledigen. Klicken Sie mit der linken Maustaste auf Ihr kopiertes Tabellenblatt und halten Sie die Maustaste gedrückt. Ziehen Sie das Tabellenregisterblatt nun ans rechte Ende der vorhandenen Tabellenblätter.

8.1.3 Löschen Sie darin die Zeilen 10 bis 24.

Markieren Sie die genannten Zeilen, indem Sie mit gedrückter linker Maustaste über die Zeilenköpfe (die Zeilennummern) fahren. Erzeugen Sie innerhalb des markierten Bereichs ein Kontextmenü mit der rechten Maustaste und wählen Sie den Befehl „Zellen löschen".

8.1.4 Erfassen Sie ab Zeile 10 die Tabelle gemäß Anlage 1. Übernehmen Sie alle vorgegebenen Formatierungen und Rahmenlinien. Die Schriftart ist Arial in der Schriftgröße 11pt. Die Zeilenhöhe der Zeilen 10 bis 13 beträgt 28,50.

Um die Zeilenhöhe anzupassen markieren Sie die Zeilen 10 bis 13. Anschließend führen Sie Ihren Mauszeiger zwischen zwei Zeilenköpfe auf die Trennlinie, bis Ihr Mauszeiger die Form eines waagerechten schwarzen Doppelpfeils annimmt. Ziehen Sie vorsichtig soweit nach unten, bis die Zeilenhöhe „28,50 (38 Pixel)" angezeigt wird. Lassen Sie die Maus nun los.

	A	B	C	D	E	F	G
1	Monatlicher Verbrauch und Monatsendbestand						
2							
3	Artikelnummer	9231		Mindestbestand	500	Arbeitstage pro Jahr	285
4	Artikelbezeichnung	Holzschrauben 6mm		Höchstbestand	10000	Jahresbedarf	0
5	Verpackungseinheit	Paket	50 Schrauben	Meldebestand	0	Tagesbedarf	0
6	Einstandspreis		12,24 €	Jahreszinssatz	8,00%		
7	Bestellfixe Kosten		40,00 €	Lieferzeit in Tagen	6		
8							
9							
10							
11							
12	Höhe: 28,50 (38 Pixel)						
13							
14							

Übernehmen Sie die Angaben aus der Anlage 1. Beachten Sie, dass die Texte in der Vorlage in ihrer vertikalen Ausrichtung zentriert worden sind. Diesen Befehl finden Sie im Menü „Start" als folgendes Symbol:

Lösung Aufgabe 8: Lagercontrolling

8.1.6 Fügen Sie ein zusätzliches leeres Tabellenblatt ein und benennen Sie es mit „Grafik Opt. Bestellmenge".

Siehe Lösung 3.1.4

8.1.7 Fügen Sie in allen Tabellenblättern in der Fußzeile im linken Abschnitt Ihren Namen ein. Im mittleren Abschnitt soll der Name des Tabellenblattes und im rechten Abschnitt der Dateiname angezeigt werden.

Siehe Lösung 1.1.2

8.2 Bearbeiten der Daten

8.2.1 Ermitteln Sie in der unteren Tabelle in der Spalte B mithilfe der Funktion MONAT den Bestellmonat und lassen Sie ihn als Standardzahl ohne Nachkommastellen ausgeben.

Eine ausführliche Beschreibung dieser und ähnlicher Datumsfunktionen finden Sie in der Lösung zu Aufgabe 4 unter 4.2.2 ff. sowie unter 4.5.1.

Ihre Funktion lautet in Zelle B11:

=MONAT(A11)

Die Funktion enthält einen relativen Bezug und kann ohne weitere Anpassungen für die gesamte Spalte kopiert werden.

8.2.2 Ermitteln Sie in der unteren Tabelle in der Spalte E den jeweiligen Lagerbestand für den Artikel 9231.

Der jeweilige Lagerbestand ergibt sich immer aus dem vorherigen Bestand plus Zugänge minus Abgänge. Der erste Bestand wird in Zelle E12 ermittelt:

=E11+C12-D12

Die Formel enthält nur relative Bezüge und kann für die gesamte Spalte E kopiert werden.

8.2.3 Ermitteln Sie in den Zellen G4 und G5 den Jahres- sowie den Tagesbedarf für diesen Artikel. Verwenden Sie die Formel RUNDEN, um den Tagesbedarf kaufmännisch auf ganze Zahlen runden zu lassen.

Der Jahresbedarf ergibt sich als Summe aller Abgänge:

=SUMME(D12:D27)

Der Tagesbedarf wird ermittelt, indem der Jahresbedarf durch die Anzahl der Arbeitstage in einem Jahr geteilt wird. Diese Formel wird in die RUNDEN-Funktion eingebettet.
Die RUNDEN-Funktion enthält als erstes Argument (der erste Teil innerhalb der Klammern) die zu berechnende Formel. Nach einem Semikolon folgt die Anzahl der Nachkommastellen, auf die gerundet werden soll. Wenn auf ganze Zahlen gerundet wird, lautet die Angabe „0":

=RUNDEN(G4/G3;0)

Die RUNDEN-Funktion rundet kaufmännisch.

Lösung Aufgabe 8: Lagercontrolling

8.2.4 Berechnen Sie in der Zelle E5 den Meldebestand für diesen Artikel. Mithilfe der Funktion AUFRUNDEN ergänzen Sie Ihre Formel, so dass der Meldebestand immer auf die nächste ganze Zahl gerundet wird.

Wie der Meldebestand berechnet wird, müssen Sie für die Lösung dieser Aufgabe im Rahmen einer Prüfung wissen. Insbesondere in den Prüfungen für Bürokaufleute (weniger bei den Kaufleuten für Bürokommunikation) wird immer wieder Wissen aus anderen Prüfungsteilen vorausgesetzt.

Der Meldebestand berechnet sich mit der Formel:

Meldebestand = Mindestbestand + (Tagesbedarf * Lieferzeit in Tagen)

Wenn Sie diese Formel in die Funktion AUFRUNDEN einbetten, lautet Ihre Formel für die Zelle E5:

=AUFRUNDEN(E3+G5*E7;0)

8.2.5 Lassen Sie in der unteren Tabelle in der Spalte F mithilfe der WENN-Funktion eine Meldung ausgeben, die den Text „Neue Ware bestellen!" enthält, wenn der Meldebestand erreicht oder unterschritten ist und den Text „Höchstbestand überschritten!", wenn dies passiert ist. Trifft keiner dieser beiden Tatbestände zu, bleibt das Feld leer.

Laut Aufgabenstellung müssen Sie zwei verschiedene Prüfungen durchführen, so dass Ihre WENN-Funktion einmal verschachtelt werden muss.

Im ersten Teil der Formel prüfen Sie, ob der Wert in E12 kleiner oder gleich dem Meldebestand (in E5) ist. Wenn diese Prüfung das Ergebnis WAHR ergibt, wird der danach folgende Text – immer in Anführungszeichen – ausgegeben.

Wenn das Ergebnis dieser Prüfung nicht zutrifft (Wert FALSCH), findet eine zweite Prüfung statt – nämlich, ob der Wert größer ist als der Höchstbestand (in E4). Ist das Ergebnis dieser zweiten Prüfung nun WAHR, so wird der zweite Text ausgegeben. Wenn der Wert auch hier FALSCH ist, dann soll das Feld leer bleiben. Dies entspricht einem leeren Text, welcher mit zwei Anführungszeichen ohne Inhalt, angegeben wird.

Die korrekte Formel in Zelle F12 lautet:

=WENN(E12<=$E$5;"Neue Ware bestellen!";WENN(E12>$E$4;"Höchstbestand überschritten!";""))

Lösung Aufgabe 8: Lagercontrolling

8.2.6 Mithilfe einer bedingten Formatierung lassen Sie die Schrift rot anzeigen, wenn aufgrund des Formelergebnisses die Meldung „Höchstbestand überschritten!" eingeblendet wird.

Markieren Sie die Zellen F12 bis F27. Eine bedingte Formatierung kann nicht nur für Zahlenwerte, sondern auch für bestimmte Texte eingestellt werden:

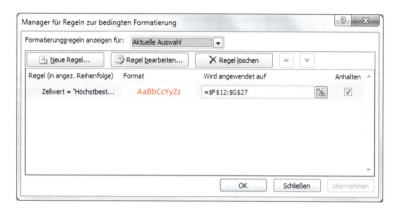

8.2.7 Lassen Sie in der Zelle D11 den Jahresanfangsbestand mittels Bezug auf die entsprechende Zelle im Tabellenblatt „Lagerbestände" anzeigen.

Sie haben in das Tabellenblatt „Monatsbestände" gewechselt und in die Zelle D11 geklickt. Sie stellen von hier aus – beginnend mit einem Gleichheitszeichen – einen einfach Bezug zur Zelle her, indem Sie nach dem Tippen des Gleichheitszeichens in das Tabellenblatt „Lagerbestände" in die Zelle E11 klicken und dies mit Return bestätigen:

=Lagerbestände!E11

8.2.8 Ermitteln Sie in der Spalte C unter Verwendung der Funktion SUMMEWENN den jeweiligen monatlichen Verbrauch mit Bezug auf das Tabellenblatt „Lagerbestände".

In der Spalte C im Tabellenblatt „Lagerbestände" ist der Monat aus dem Datum herausgefiltert worden. Wenn nun ein Verbrauch in einem bestimmten Monat – in der Zeile 13 für den Januar – stattgefunden hat, soll er addiert werden. Der zu berücksichtigende Monat steht in der Spalte B (in der Zeile 13 in B13) der Tabelle „Monatsbestände". Ihre SUMMEWENN-Funktion ist dementsprechend folgendermaßen aufgebaut:

=SUMMEWENN(Lagerbestände!$B$11:$B$27;B13;Lagerbestände!$D$11:$D$27)

Sowohl der zu prüfende Bereich als auch der zu addierende Bereich sind als absoluter Bezug zu kennzeichnen, während der Monat – als wechselnder Wert – als relativer Bezug nicht zu verändern ist. Die Formel kann in dieser Darstellung für alle Zellen kopiert werden.

Die SUMMEWENN-Funktion wird in der Lösung zu Aufgabe 4 unter Punkt 4.3.6 ausführlich beschrieben.

Lösung Aufgabe 8: Lagercontrolling

8.2.9 Ermitteln Sie in der Spalte D mithilfe der Funktion SVERWEIS unter Bezug auf das Tabellenblatt „Lagerbestände" den jeweiligen Monatsendbestand.

Der SVERWEIS gleicht in Zelle B13 den Monat ab und ordnet diesem Monat den Wert aus der 4. Spalte der Liste (B11 bis E27) im Tabellenblatt „Lagerbestände" zu.

Die Funktion SVERWEIS wird in der Lösung zu Aufgabe 4 unter Punkt 4.3.1 erläutert.

Anders als in den bislang verwendeten SVERWEIS-Formeln gibt es in diesem Fall jedoch teilweise mehrere Werte, die für einen Monat in Frage kommen – und zum Teil muss auch der Wert des Vormonats (wenn es für den Monat selbst keinen Wert gibt) genommen werden. Damit der SVERWEIS den jeweils letzten Monatswert verwendet, muss im letzten Argument der Funktion SVERWEIS der „Bereich_Verweis" auf den Wert „1" gesetzt werden.

Die richtige Formel in Zelle D13 lautet:

=SVERWEIS(B13;Lagerbestände!$B$11:$E$27;4;1)

8.2.10 Berechnen Sie in der Zelle C10 den durchschnittlichen Lagerbestand für den Artikel 9231 mit Bezug auf die 12 Monatsendbestände im nebenstehenden Tabellenblatt. Verwenden Sie zusätzlich die Funktion RUNDEN, um das Ergebnis kaufmännisch auf eine ganze Zahl zu runden.

Sie haben in das Tabellenblatt „Kennziffern Opt. Bestellmenge" gewechselt. Für die Berechnung des durchschnittlichen Lagerbestands gibt es zwei mögliche Formeln:

Ø Lagerbestand = (Lageranfangsbestand + Lagerendbestand) : 2

Ø Lagerbestand = (Lageranfangsbestand + 12 Monatsendbestände) : 13

Der genauere Wert ist die Durchschnittsberechnung auf Basis der 12 Monatsendbestände. Daher wird die zweite Formel angewendet, wenn die Daten zur Verfügung stehen.
Der Jahresanfangsbestand steht in der Tabelle „Monatsbestände" in Zelle D11, die 12 Monatsendbestände stehen in derselben Tabelle in den Zellen von D13 bis D24. Das Ergebnis soll anschließend auf eine ganze Zahl (= keine Dezimalstellen) gerundet:

=RUNDEN((Monatsbestände!D11+SUMME(Monatsbestände!D13:D24))/13;0)

8.2.11 Ermitteln Sie in der Zelle C11 die Umschlagshäufigkeit. Ergänzen Sie Ihre Formel mit der Funktion RUNDEN, um das Ergebnis mit 2 Nachkommastellen kaufmännisch runden zu lassen.

Die Umschlagshäufigkeit wird berechnet, indem der Jahreswareneinsatz (Jahresverbrauch in Stück) durch den durchschnittlichen Lagerbestand geteilt wird. Anschließend wird auf 2 Nachkommastellen gerundet:

=RUNDEN(G4/C10;2)

8.2.12 Ermitteln Sie in der Zelle C12 die durchschnittliche Lagerdauer für den Artikel. Lassen Sie Ihr Ergebnis mithilfe der Funktion RUNDEN auf eine ganze Zahl runden.

Die durchschnittliche Lagerdauer wird berechnet, indem man 360 (Tage) durch die Umschlagshäufigkeit teilt. Das Ergebnis wird noch auf eine ganze Zahl gerundet:

=RUNDEN(360/C11;0)

Lösung Aufgabe 8: Lagercontrolling

8.2.13 Ermitteln Sie in der Zelle C13 den Lagerzinssatz für den Artikel. Das Ergebnis soll im Prozentformat mit 2 Nachkommastellen angezeigt werden.

Wenn man die Umschlagshäufigkeit bereits berechnet hat, kann der Lagerzinssatz am einfachsten berechnet werden, indem man den Jahreszinssatz ins Verhältnis zur Umschlagshäufigkeit setzt:

=E6/C11

Um das Ergebnis in Prozent zu formatieren, wählen Sie für die vorher markierte Zelle im Dialogfenster „Zellen formatieren" im Register „Zahlen" die Kategorie „Prozent" mit 2 Dezimalstellen.

8.2.14 Ermitteln Sie in der Zelle B20 die Bestellhäufigkeit für nebenstehende Bestellmenge. Die Bestellhäufigkeit soll immer auf die nächste ganze Zahl aufgerundet werden. Kopieren Sie Ihre Formel in die Zellen B21 bis B39.

Die Bestellhäufigkeit ist abhängig von der Bestellmenge. Je weniger bestellt wird, umso häufiger muss eine Bestellung aufgegeben werden.

Sie ermitteln die Bestellhäufigkeit für die einzelnen Werte, indem der Jahresverbrauch (in Zelle G4) durch die jeweilige Bestellmenge geteilt wird. Damit die Formel in Zelle B20 kopierfähig wird, muss der Jahresverbrauch als absoluter Bezug gesetzt werden:

=AUFRUNDEN($G$4/A20;0)

Diese Formel kann in die Zellen B21 bis B39 kopiert werden.

8.2.15 Berechnen Sie im Zellbereich C20 bis C39 den durchschnittlichen Lagerbestand für die jeweilige Bestellmenge.

Je kleiner die Bestellmenge, umso kleiner ist auch der durchschnittliche Lagerbestand (und damit die Lagerkosten). In der Zelle C20 berechnen Sie:

=A20/2

Die Formel wird in die Zellen C21 bis C39 kopiert.

8.2.16 Ermitteln Sie in der Spalte D die Bestellkosten.

Die Gesamt-Bestellkosten steigen mit jeder Bestellung. Sie ergeben sich durch Multiplikation der bestellfixen Kosten (in Zelle B7) mit der Bestellhäufigkeit. In Zelle D20 lautet die Formel somit:

=B20*$B$7

Die Formel wird in die übrigen Zellen D21 bis D39 kopiert.

8.2.17 Ermitteln Sie in der Spalte E die Lagerkosten.

Die Gesamt-Lagerkosten steigen, wenn größere Mengen bestellt werden. Sie berechnen sie, indem die durchschnittliche Lagermenge mit dem Einstandspreis und dieser mit dem Lagerzinssatz multipliziert wird. In der Zelle E20 lautet Ihre Formel:

=C20*$C$13*$B$6

Diese Formel kopieren Sie in die Zellen E21 bis E39.

Lösung Aufgabe 8: Lagercontrolling

8.2.18 Ermitteln Sie in der Spalte F die Gesamtkosten.

Die Gesamtkosten ergeben sich als Summe aus den Bestell- und den Lagerkosten. In der Zeile F20 lautet die Formel:

=D20+E20

8.2.19 Heben Sie im Zellbereich F20 bis F39 mittels bedingter Formatierung den kleinsten Wert hervor, indem Sie den Hintergrund grün und die Schrift weiß und fett formatiert anzeigen lassen.

Markieren Sie den Zellbereich F20 bis F39 und wählen Sie im Menü FORMAT den Befehl „Bedingte Formatierung". Hervorgehoben werden soll der kleinste Wert in einer Liste; diesen finden Sie über die Funktion MIN heraus. Wenn also die Funktion MIN im Bereich F20 bis F39 den kleinsten Wert ermittelt hat, soll dieser entsprechend farbig und mit fetter, weißer Schrift hervorgehoben werden:

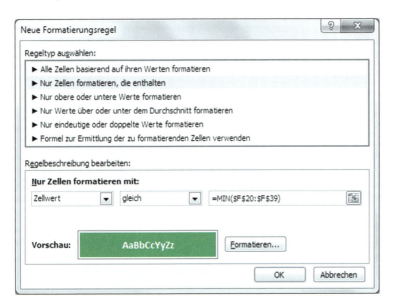

Sollte Ihr Befehl im ersten Schritt nicht funktioniert haben, hat Excel möglicherweise „eigenmächtig" nicht gewünschte Anführungszeichen gesetzt, zum Beispiel:

="min($F$20:$F$39)"

Dadurch ist die mathematische Funktion nicht erkennbar, sondern wird als Text verstanden. Löschen Sie in einem zweiten Schritt nur die Anführungszeichen aus Ihrer Formel und bestätigen Sie mit OK.

8.2.20 Berechnen Sie in der Zelle F16 den kleinsten Wert, der sich bei den Gesamtkosten ergibt und lassen Sie ihn im Währungsformat (€) darstellen.

Ihr Cursor steht in der Zelle F16:

=MIN(F20:F39)

Lösung Aufgabe 8: Lagercontrolling

8.2.21 Lassen Sie in der Spalte G unter Verwendung der WENN-Funktion in Kombination mit der Funktion MIN in der entsprechenden Zeile die Menge anzeigen, die die optimale Bestellmenge ist. Die anderen Felder sollen leer bleiben.

Klicken Sie in die Zelle G20. Nur wenn die nebenstehende Zelle (in der ersten Zeile F20) den kleinsten Wert innerhalb dieser Liste (von F20 bis F39) darstellt, dann soll die zugehörige Bestell*menge* – also der Wert aus der Spalte A (in der ersten Zeile A20) – hier ausgegeben werden.

Die richtige Formel in Zelle G20 lautet:

=WENN(F20=MIN($F$20:$F$39);A20;" ")

Die Argumente der WENN-Funktion lauten im Einzelnen:

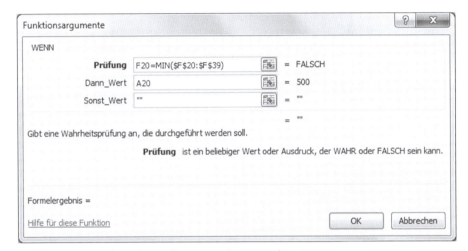

Die Formel wird in die Zellen G21 bis G39 kopiert.

8.2.22 Lassen Sie die optimale Bestellmenge außerdem in der Zelle F17 mithilfe der Funktion MAX ausgeben. Der Wert wird als Standardzahl formatiert.

Die Funktion MAX wählt den größten Wert aus einer Liste aus. Die Aufgabenstellung kann sich also nur auf einen Zellbereich beziehen, in dem die Optimale Bestellmenge als größter Wert ausgegeben wird – nämlich die Spalte G.

Ihre Funktion in Zelle F17 lautet:

=MAX(G20:G39)

Lösung Aufgabe 8: Lagercontrolling

8.3 Darstellung statistischer Daten

8.3.1 Erstellen Sie ein Liniendiagramm mit Datenpunkten, welches Kostenentwicklung der Bestellkosten, der Lagerkosten und der Gesamtkosten in Abhängigkeit der Bestellmenge übersichtlich darstellt. Platzieren Sie Ihre Grafik im vorgesehenen Tabellenblatt.

Sie haben unter Aufgabe 8.1.6 ein leeres Tabellenblatt mit der Bezeichnung „Grafik Opt. Bestellmenge" eingefügt, in welchem nun ein Diagramm eingefügt werden soll. Es soll drei Linien enthalten, welche Werte aus dem zuvor bearbeiteten Tabellenblatt „Kennziffern Opt. Bestellmenge" enthält:

- die Entwicklung der Bestellkosten (Spalte D)
- die Entwicklung der Lagerkosten (Spalte E) und
- die Entwicklung der Gesamtkosten (Spalte F).

Sie befinden sich im Tabellenblatt „Kennziffern Opt. Bestellmenge". Im ersten Schritt markieren Sie die zu berücksichtigenden Daten einschließlich der Überschriften – D19 bis F39. Im Menü „Einfügen" wählen Sie ein „Liniendiagramm mit Datenpunkten" aus.

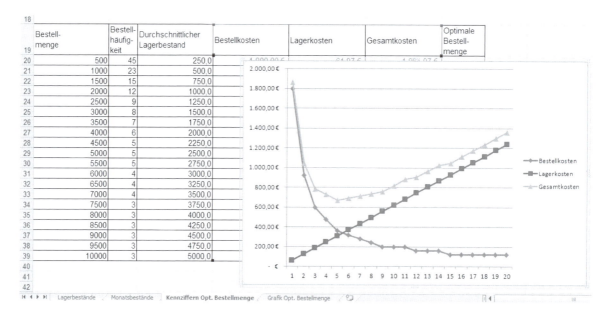

In der Vorschau erhalten Sie nun bereits eine Darstellung, die Ihrem Endergebnis bereits recht nahe kommt.

In der Rubrikenachse (X-Achse) fällt auf, dass die Bestellmenge noch nicht berücksichtigt wird. Mit einem Rechtsklick auf die Rubrikenachse wählen Sie den Befehl „Daten auswählen". In der rechten Spalte des Dialogfensters („Horizontale Achsenbeschriftung") klicken Sie auf „Bearbeiten". Das Fenster wird dann ganz schmal und Sie können im Hintergrund die gewünschten Werte für Ihre Rubrikenachse – die Zellen A20 bis A39 – markieren. Klicken Sie erneut auf das kleine Symbol mit dem roten Pfeil und Ihre Vorschau aktualisiert sich entsprechend.

Das Diagramm ist nun im vorgesehenen Tabellenblatt zu platzieren. Führen Sie einen Rechtsklick auf den weißen Hintergrund des Diagrammbereichs aus und wählen Sie den Befehl „Diagramm verschieben". Sie können nun in diesem Dialogfenster das Tabellenblatt „Grafik Opt. Bestellmenge" auswählen.

Lösung Aufgabe 8: Lagercontrolling

8.3.2 Lassen Sie die Legende unter dem Diagramm anzeigen. Geben Sie dem Diagramm eine aussagekräftige Überschrift.

Wenn Sie hier das „Layout 3" auswählen, haben Sie sowohl den Diagrammtitel als auch die Legende bereits eingeblendet.

8.3.3 Verändern Sie die Ausrichtung der X-Achse auf 45°. Lassen Sie als Titel der Rubrikenachse das Wort „Bestellmenge" anzeigen.

Mit der rechten Maustaste klicken Sie auf die Werte Ihrer X-Achse und wählen den Befehl „Achse formatieren". Im Register „Ausrichtung" können Sie festlegen, dass Ihre Werte im 45°-Winkel angezeigt werden. Unter „Diagrammtools" in der Gruppe „Layout" finden Sie den Befehl zum Hinzufügen eines „Achsentitels".

8.3.4 Lassen Sie alle Datenreihen mit schwarzen Linien und mit unterschiedlichen Datenpunkt-Symbolen anzeigen, so dass sich die Datenreihen beim Ausdruck in schwarz-weiß deutlich unterscheiden.

Klicken Sie mit Ihrer rechten Maustaste auf eine Datenreihe (Linie) und wählen Sie den Befehl „Datenreihen formatieren". In den Registern „Linienfarbe", „Linienart" und „Markierungsoptionen" können Sie Farbe und Stärke der Linie ebenso wie Farbe und Form der Datenpunkt-Symbole festlegen.

Gehen Sie für die beiden anderen Datenreihen ebenso vor.

8.3.5 Lassen Sie am niedrigsten Datenpunkt den Wert anzeigen und formatieren Sie die Zahl im Währungsformat (€) in großer Schrift.

Klicken Sie mit der linken Maustaste zweimal langsam hintereinander (kein Doppelklick!) auf den niedrigsten Datenpunkt Ihrer Gesamtkosten-Linie. Beim ersten Klick wird die gesamte Datenreihe markiert, beim zweiten Klick nur der ausgewählte Datenpunkt. Nun erzeugen Sie mit der rechten Maustaste genau an dieser Stelle das Kontextmenü und wählen den Befehl "Datenbeschriftung hinzufügen".

Sie können nun abschließend noch die Schriftgröße und das Währungsformat festlegen.

Im Ergebnis erhalten Sie folgendes Diagramm im Tabellenblatt „Grafik Opt. Bestellmenge":

Lösung Aufgabe 8: Lagercontrolling

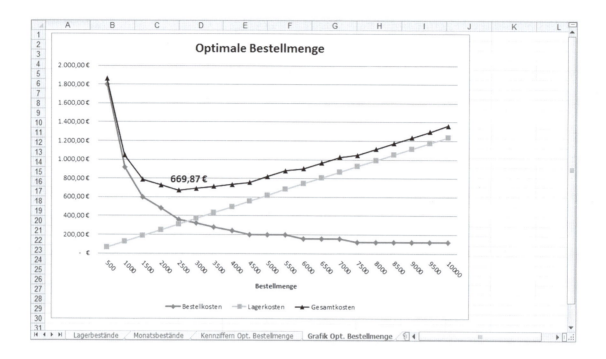

8.4 Seitenlayout und Druck

Eine ausführliche Erklärung der Vorgehensweise zu Seitenlayout und Ausdruck finden Sie unter Lösung 1.3.